ANIMAUX en tricot

W0337076

ANIMAUX en tricot

35 MODÈLES TRÈS DOUILLETS POUR PROTÉGER TOUS VOS OBJETS

fiona goble

Glénat créatif

Publié pour la première fois en 2016
par CICO Books, une marque de Ryland Peters
& Small Ltd 20–21 Jockey's Fields, Londres
WC1R 4BW

Titre original : *Knitted animal cozies*

Pour la version anglaise :
Éditrice : Kate Haxell
Designer : Alison Fenton
Photographe : Penny Wincer
Styliste : Nel Haynes
Directrice artistique : Sally Powell
Fabriction : Mai-Ling Collyer
Éditrice en chef : Penny Craig
Directrice de publication : Cindy Richards

Pour la version française
Éditions Glenat
Couvent Sainte-Cécile
37, rue Servan
38000 Grenoble

Réalisation éditoriale : Le Livre d'Après
(Isabelle Raimond assistée de Sophie Greloux)
Traduction de l'anglais : Emmanuelle Pavan

Achevé d'imprimer en Asie en octobre 2017
Dépôt légal : février 2018
ISBN : 978-2-344-02609-0

sommaire

introduction

Bienvenue dans le monde amusant et chaleureux des animaux en tricot ! Ces modèles de housses ont été conçus afin de protéger vos précieux objets de tous les jours – votre téléphone, vos clés, vos livres, votre tablette ou vos écouteurs. Mais vous trouverez aussi, au fil des pages, de nombreux patrons amusants pour habiller d'un brin de frivolité une bouteille d'eau minérale, garder des œufs à la coque bien au chaud, protéger vos clubs de golf et même décorer un pot de fleurs !

Que vous aimiez les animaux des sous-bois – l'adorable hérisson protège-théière vous séduira –, ou des espèces plus originales – le suricate qui montera la garde de votre liseuse – il existe forcément dans cet ouvrage un animal qui parlera à votre côté créatif, et qui n'attend que vous pour que vous lui confiiez vos objets.

J'ai divisé l'ouvrage en quatre chapitres, dans lesquels vous trouverez des objets pour décorer votre cuisine, votre maison, et embellir le contenu de votre sac ainsi que votre bureau. Chaque patron est accompagné d'une indication de difficulté : une étoile correspond à un niveau débutant, deux étoiles pour les modèles intermédiaires et les modèles trois étoiles nécessitent des compétences plus avancées. Rassurez-vous, la plupart des patrons sont de niveau intermédiaire.

Vous trouverez dans cet ouvrage quantité de petits objets, tels que des capuchons pour œufs à la coque, ou des housses pour téléphones portables, que vous pourrez confectionner en une soirée ou deux, et qui ne nécessitent pas beaucoup de laine. Il y a des modèles pour tout le monde et la plupart des objets peuvent s'offrir en cadeaux.

Si vous débutez à peine, commencez par un petit modèle, comme le capuchon lapin pour œufs à la coque. Cet objet une fois réussi, lancez-vous dans une réalisation plus exigeante, et qui nécessite plus de parties à assembler – les couvre-théières et les housses pour bouillottes, par exemple. Avec un peu de pratique et de confiance en vous, vous serez prêts à affronter

certains modèles plus avancés, comme la trousse à crayons salamandre, qui est mon modèle préféré.

Avant de vous ruiner en pelotes de laine, assurez-vous de connaître les techniques. J'ai donné des détails précis sur les laines utilisées pour chaque projet. Rien ne vous oblige à suivre mes recommandations, assurez-vous juste de respecter l'épaisseur et la quantité requises. Et tricotez un échantillon afin de vérifier que votre objet fini sera de la bonne dimension.

J'adore recevoir des photos des objets réalisés par mes lecteurs, alors n'hésitez pas à me les envoyer via mon site Internet www.fionagoble.com. Sur mon site, en anglais, je publie des errata et des tutoriels sur des techniques difficiles et je suis sûre que vous y trouverez les réponses à vos questions. Je me suis énormément amusée à créer ces modèles d'animaux. J'espère que vous prendrez autant de plaisir que moi à les réaliser.

Fiona Goble

chapitre 1

dans la cuisine

bébé hibou
couvre-théière

On ne s'attend pas forcément à trouver un hibou sur une table de cuisine ou de salon, mais je craque pour les bébés hiboux, et je me suis dit que l'un d'eux serait le compagnon idéal de ma théière ronde. Le corps est tricoté dans une laine super épaisse, donc, il se tricote très vite, et les yeux sont très faciles à faire. Puis, un bec, quelques boutons, et c'est terminé.

Laine et mercerie

Laine super-chunky
(83 % acrylique, 10 % laine, 8 % rayonne)
170 g/97 m
1 pelote col. gris (A)

DK (100 % laine) (50 g/105 m)

1 pelote col. bleu (B)
1 pelote col. rose (C)

Chutes de fil col. jaune (D)

2 x boutons gris
Fil de couture gris
Garniture de jouet en polyester

Aiguilles

8 mm

4 mm

3,25 mm

Grosse aiguille à coudre

Aiguille à coudre standard

Échantillon

10 m. et 14 rgs en jersey,
carré de 10 cm,
sur aiguille de 8 mm, en A

Dimensions

15 cm de hauteur
(pour une théière ronde de 5 tasses).

Abréviations

Voir p. 126.

Difficulté

★☆☆

Réalisation

Corps (en faire 2)
Sur une aiguille 8 mm, montez 21 m. en A.
Rg 1 : [1 end., 1 env.] jusqu'à la fin, 1 end.
Rép. rg 1, 23 fs.
Rg 25 : [dim. SD., glis. 1 m. à l'env., 2 m. ens. à l'env., par-dessus 1 m.] jsq 3 der. m., dim. SD. *(7 m.)*
Rg 26 : [1 end., 1 env.] jsq. der. m., 1 end.
Rg 27 : 2 m. ens. à l'env., 1 end., 1 env., 1 end., 2 m. ens. à l'env. *(5 m.)*
Coupez le fil, passez à travers les m. rest., arrêtez en serrant bien.

Ailes (en faire 2)
Sur une aiguille 8 mm, montez 5 m. en A.
Rg 1 : [1 end., 1 env.] 2 fs, 1 end.
Rép. rg 1, 5 fs.
Rg 7 : 2 m. ens. à l'env., 1 end., 2 m. ens. à l'env. *(3 m.)*
Rg 8 : 1 env., 1 end., 1 env.
Rg 9 : dim. SD. *(1 m.)*
Coupez le fil, arrêtez en serrant bien.

Yeux (en faire 2)
Sur une aiguille 4 mm, montez 28 m. en B, en fil doublé.
Rg 1 : end.
Rg 2 : [2 m. ens. à l'env.] jsq fin. *(14 m.)*
Rép. rgs 1–2, 1 fs. *(7 m.)*
Coupez le fil, passez à travers les m. rest., arrêtez en serrant bien.

Bordure des yeux (en faire 2)
Sur une aiguille 4 mm, montez 3 m. en C, en fil doublé.
*Rab. 2 m., transf. les m. rest. de droite à gauche sans tourner.
Un picot fait. Montez 2 m.*
Rép. de * jsq * jusqu'à obtention de 15 picots. Arrêtez.

Bec
Sur une aiguille 3,25 mm, montez 10 m. en D.
Com. par 1 rg de m. à l'env. Montez 2 rgs jersey endroit.
Rg 3 : 1 end., GGT, 4 env., 2 m.ens. à l'end., 1 end. *(8 m.)*
Rg 4 : env.
Rg 5 : 1 end., GGT, 2 env., 2 m.ens. à l'end., 1 end. *(6 m.)*
Rg 6 : env.
Rg 7 : 1 end., GGT, 2 m.ens. à l'end., 1 end. *(4 m.)*
Rg 8 : [2 m. ens. à l'env.] 2 fs. *(2 m.)*
Coupez le fil, passez à travers les m. rest., arrêtez en serrant bien.

Assemblage

Assemblez les yeux en rond, cousez les lisières avec un surjet (voir p. 125). Faites un surjet pour assembler les bordures tout autour. Enfilez sur une aiguille le fil restant de l'une des parties tricotées du corps et passez-le dans toutes les mailles restantes des deux parties afin d'arrêter le tricot. Arrêtez en serrant bien. Avec des points plats (voir p. 125) assemblez sur 4,5 cm à partir du bas, et sur 7,5 cm à partir du haut, des deux côtés de la housse, pour laisser passer le bec et la poignée de la théière – servez-vous de votre théière comme patron.

Assemblez le bec par les lisières, tassez un peu de garniture pour jouet à l'intérieur, et cousez-le sur la housse avec un point de surjet.

Pour les oreilles, coupez 2 longueurs de A de 142 cm chacune. Cousez une extrémité au niveau du bec de la théière. Faites ressortir deux grandes boucles de même taille, à égale distance, au sommet de la housse. Façonnez 4 petites boucles dans les deux grandes et sécurisez d'un point. Rentrez tous les fils.

Cette housse pour théière en forme de jolie pastèque, parsemée de coccinelles, vous aidera à garder votre thé bien chaud, le temps de savourer une première tasse. La base de la pastèque est vraiment simple à faire, et même si les coccinelles sont un peu plus compliquées, elles sont amusantes et vous serez fière du résultat !

coccinelle couvre-théière

Laine et mercerie

Laine chunky (100 % laine) 50 g/40 m
2 pelotes col. vert pomme (A)

DK (100 % laine) 50 g/105 m
1 pelote col. écarlate (B)

DK (40 % nylon, 30 % laine, 30 % acrylique) 50 g/155 m
1 pelote col. vert (C)
1 pelote col. noir (D)

Chutes de fil DK col. gris

Chutes de fil de coton DK (4 plis) noir, léger

Garniture de jouet en polyester

Aiguilles

6 mm

3,25 mm

Aiguille à coudre

Grosse aiguille à broder

Échantillon

13 m. et 19 rgs en jersey,
carré de 10 cm,
sur aiguille de 6 mm, en A

Dimensions

19 cm de hauteur, sans la tige, 15 cm de hauteur (pour une théière ronde de 5 tasses), ou une théière un peu ovale.

Coccinelles : 4 cm de long

Abréviations

Voir p.126.

Difficulté

★★☆

Réalisation pour la housse

Pastèque (pour 2 pièces)

Aiguille 6 mm, montez 29 m. en A.
Rg 1 : [2 end., 2 env.] jsq der. m., 1 end.
Rép. rg 1, 31 fs.
Rg 33 : 2 end., [3 m. ens. à l'end., 1 env.] jsq der. 3 m., 2 env., 1 end. *(17 m.)*
Rg 34 : 2 end., 2 env., [1 end., 1 env.] jsq der. m., 1 end.
Rg 35 : 1 end., [GGT] jsq der. 2 m., 2 m. ens. à l'end. *(9 m.)*
Rg 36 : [1 end., 1 env.] jsq der. m., 1 end.
Rg 37 : [2 m. ens. à l'end.] jsq der. m., 1 end. *(5 m.)*
Coupez le fil, passez à travers les m. rest.

Tige

Aiguille 3,25 mm, montez 6 m. en C.
Com. par 1 rg de m. à l'end. Montez 14 rgs jersey envers. Rabattez.

Feuilles (en faire 2)

Aiguille 3,25 mm, montez 2 m. en C.
Rg 1 : [aug.] 2 fs. *(4 m.)*
Rg 2 : env.
Rg 3 : 1 end., m1. env. jsq der. m., m1., 1 end. *(6 m.)*
Rg 4 : env.
Rép. rgs 3–4, 3 fs. *(12 m.)*
Com. par 1 rg de m. à l'end., trav. 4 rgs en jersey.
Rg 15 : 1 end., 2 m. ens. à l'end., à l'env. jsq der. 3 m., GGT, 1 end. *(10 m.)*
Rg 16 : env.
Rép. rgs 15–16, 3 fs. *(4 m.)*
Rg 23 : 2 m. ens. à l'end., GGT. *(2 m.)*
Rg 24 : 2 m. ens. à l'env. *(1 m.)*
Coupez le fil, et arrêtez.

Coccinelles (en faire 5)

Dessus

Aiguille 3,25 mm, montez 4 m. en B.
Rg 1 : [aug., 1 end.] 2 fs. *(6 m.)*
Rg 2 : env.
Rg 3 : 1 end., m1, 4 end., m1., 1 end. *(8 m.)*, trav. 5 rgs en jersey.
Com. par 1 rg de m. à l'env.
Rg 9 : 1 end., GGT, 2 end., 2 m. ens. à l'end., 1 end. *(6 m.)*
Rg 10 : env.

Coupez B et cont. avec D.
Trav. 2 rgs en jersey.
Com. par 1 rg de m. à l'end.
Rg 13 : 1 end., GGT, 2 m. ens. à l'end., 1 end. *(4 m.)*
Coupez le fil, passez à travers m. rest.

Base

Aiguille 3,25 mm, montez 4 m. en D.
Rg 1 : [aug., 1 end.] 2 fs. *(6 m.)*, trav. 9 rgs en jersey.
Com. par 1 rg de m. à l'env.
Rg 11 : 1 end., GGT, 2 m. ens. à l'end., 1 end. *(4 m.)*
Coupez le fil, passez à travers les m. rest.

Assemblage

Placez le dos et la base des coccinelles côtés endroit face contre face, et faites un surjet pour les assembler (voir p. 125). Laissez un espace sur les côtés pour retourner sur l'endroit et remplissez les coccinelles de garniture pour jouet. Cousez la fermeture en utilisant du D, brodez un point droit (voir p. 123) pour la ligne de séparation entre les ailes et les nœuds français qui feront les taches (voir p. 124). À l'aide d'un fil gris, cousez des nœuds français pour les yeux.

Enfilez une courte longueur de fil de coton noir hors de la tête des coccinelles pour former les antennes. Nouez les extrémités.

Enfilez sur une aiguille les fils restants des parties de la pastèque et passez-les dans les mailles restantes des deux parties. Arrêtez en serrant bien.

Avec des points plats (voir p. 125) assemblez sur 4,5 cm à partir du bas, et sur 7,5 cm à partir du haut, des deux côtés de la housse, pour laisser passer le bec et la poignée de la théière – servez-vous de votre théière comme patron.

Assemblez les feuilles et cousez-les en haut de la housse à l'aide de C. Fixez les coccinelles avec du fil D et de grands points droits, pour former les pattes. Rentrez tous les fils.

petites poules couveuses

L'échelle n'est pas bonne, certes, mais rien de tel qu'une jolie petite poule pour garder vos œufs à la coque bien au chaud. Choisissez un fil couleur tweed et fauve et tricotez en points très serrés – ainsi, vos œufs resteront bien chauds, le temps que vous les dégustiez.

Laine et mercerie

Pour deux poules

DK 50 g /135 m

- 1 pelote col. tweed (A)
- 1 pelote col. brun chaud ou fauve (B)

Chutes de DK col. rouge et jaune pour les becs et les crêtes

Chutes de DK col. blanc et col. noir

Aiguilles

4,5 mm

3,25 mm

Aiguille à coudre

Grosse aiguille à broder

Échantillon

16 m. et 27 rgs en jersey,
carré de 10 cm,
sur aiguille de 4,5 mm, sur fil doublé

Dimensions

10 cm au plus large et 9,5 cm du bas au sommet de la crête. La housse couvre un œuf de taille normale.

Abréviations

Voir p. 126.

Difficulté

★★☆

Réalisation pour une poule

Côté 1

Sur une aiguille 4,5 mm, montez 14 m. en A ou B, selon le modèle.
2 rgs end.
Rg 3 : env.
Rg 4 (endr.) : Aug. end. jsq 2 der. m., aug. 1 end. *(16 m.)*
Rg 5 : env.
Rg 6 : 2 end., m1, end. jsq 2 der. m., m1, 2 end. *(18 m.)*
Com. par 1 rg de m. à l'env., trav. 7 rgs en jersey.*
Rg 14 : 9 end., rab. 4 m., end. jsq à la fin.
Cont. sur les 5 m. juste travaillées, laissez les m. rest. sur l'aiguille.
Rg. suiv. : env.
Rg suiv. : GGT, puis avec les m. rab. jsq à la fin. *(1 m.)*
Coupez le fil et arrêtez.
Joignez le fil aux m. rest., sur l'env. de l'ouvrage.
Rg suiv. : 2 m. ens. à l'env., env. jsq à la fin *(8 m.)*
Rg suiv. : end. jsq 2 der. m., 2 m. ens. à l'end. *(7 m.)*
Com. par 1 rg de m. à l'env., trav. 3 rgs en jersey.
Rg suiv. : GGT, 3 end., 2 m. ens. à l'end. *(5m.)*
Rg suiv. : env.
Rg suiv. : GGT, 1 end., 2 m. ens. à l'end. *(3 m.)*
Rg suiv. : 3 m. ens. à l'env. *(1 m.)*
Coupez le fil et arrêtez.

Côté 2

Trav. comme pour le côté 1 jsq à *.
Rg 14 : 5 end., rab. 4 m., end. jsq à la fin.
Cont. sur les 9 m. juste travaillées, laissez les m. rest. sur l'aiguille.
Rg suiv. : env. jsq aux 2 dern. m., 2 m. ens. à l'env. *(8 m.)*
Rg. suiv. : GGT, end. jsq à la fin *(7 m.)*
Com. par 1 rg de m. à l'env., trav. 3 rgs en jersey.
Rg suiv. : GGT, 3 end., 2 m. ens. à l'end. *(5 m.)*
Rg suiv. : env.
Rg. suiv. : GGT, 1 end., 2 m. ens. à l'end. *(3 m.)*
Rg. suiv. : 3 m. ens. à l'env. *(1 m.)*
Coupez le fil et arrêtez. Transférez 5 m. sur la seconde aiguille, joignez le fil aux m. rest., sur l'env. de l'ouvrage.
Rg suiv. : env.

Rg suiv. : rab. 2 m., 2 m. ens. à l'end., passez la 2e m. par-dessus la dern. m., sur l'aiguille de droite. *(1 m.)*
Coupez le fil et arrêtez.

Crête

Sur une aiguille 3,25 mm, montez 4 m. en DK col. rouge clair.
*Rab. 3 m., transférez les m. rest. de droite à gauche sans tourner l'ouvrage.
Rab. 3 m.* Rép. de * à * 1 fs.
Rab. toutes les m.

Bec

Sur une aiguille 3,25 mm, montez 4 m. en DK col. jaune clair
Rabattez.

Assemblage

Brodez les ailes au point de chaînette (voir p. 123) avec des fils de couleurs contrastantes – B sur jersey A, et A sur jersey B. Brodez deux nœuds français pour les yeux au fil DK léger noir (voir p. 24) et entourez-les d'un point de chaînette brodé en fil DK blanc.

Placez les deux parties des housses endroit contre endroit et assemblez avec un surjet (voir p. 125) en laissant la base ouverte. Tournez l'ouvrage sur l'endroit, assemblez les crêtes avec un surjet, à l'aide d'un fil non rentré. Pliez le bec en deux et cousez-le d'un point à l'aide d'un fil non rentré, puis rentrez tous les fils.

Si vous êtes à la recherche d'une housse originale pour garder vos œufs à la coque bien au chaud, ce modèle est fait pour vous. Vous pouvez choisir de confectionner un élan mâle, avec des bois, et sa compagne – ne lui ajoutez pas cet ornement.

capuchon élan pour œuf coque

Laine et mercerie

DK (100 % pure laine vierge) 50 g/104 m
- 1 pelote col. vison (A)
- 1 pelote col. beige (B)

Chutes de DK col. noir

2 boutons de bottine noirs de 8 mm

Garniture de jouet en polyester

Fil à coudre noir

1 ruban en vichy rouge de 25 cm de long et de 1 cm de large

Aiguilles

3,25 mm

Grosse aiguille à laine

Aiguille à broder

Aiguille à coudre standard

Échantillon

24 m. et 32 rgs en jersey, carré de 10 cm, sur aiguille de 3,25 mm

Dimensions

7,5 cm de hauteur, sans les oreilles ni les bois, 17 cm de circonférence.

Abréviations

Voir p. 126.

Difficulté

*

Réalisation pour un capuchon

Tête

Montez 42 m. en A.

Rg 1 : end.

Puis, com. par 1 rg de m. à l'end., trav. 18 rgs en jersey.

Rg 20 : 2 end., [glis. 2, 1 end., par-dessus 2 m., 4 end.] 5 fs, glis. 2, 1 end., par-dessus 2 m., 2 end. *(30 m.)*

Rg 21 : env.

Rg 22 : 1 end., [glis. 2, 1 end., par-dessus 2 m., 2 end.] 5 fs, glis. 2, 1 end., par-dessus 2 m., 1 end. *(18 m.)*

Rg 23 : env.

Rg 24 : [glis. 2, 1 end., par-dessus 2 m.] jsq à la fin *(6 m.)*

Coupez le fil, passez à travers les m. rest., arrêtez en serrant bien.

Museau

Montez 16 m. en A.

Com. par 1 rg de m. à l'end., trav. 4 rgs en jersey.

Coupez A et cont. avec B.

Com. par 1 rg de m. à l'end., trav. 2 rgs en jersey.

Rg 7 : [2 m. ens. à l'end.] jsq à la fin *(8 m.)*

Rg 8 : [2 m. ens. à l'env.] jsq à la fin *(4 m.)*

Coupez le fil, passez à travers les m. rest., arrêtez en serrant bien.

Oreilles (en faire 2)
Montez 5 m. en A.
Com. par 1 rg de m. à l'end., trav. 6 rgs en jersey.
Rg 7 : GGT, 1 end., 2 m. ens. à l'end. *(3 m.)*
Rg 8 : 3 m. ens. à l'env. *(1 m.)*
Coupez le fil, arrêtez.

Bois (en faire 4)
Montez 12 m. en B.
*Rab. 4 m. Transférez les m. rest. de droite à gauche sans tourner l'ouvrage.
Montez 2 m.*
Rép. de * à * 3 fs.
Rab. les m. rest.

Assemblage

Au point de matelas, assemblez l'élan par les lisières du dos (voir p. 124).

Au point de matelas, assemblez le nez. Garnissez d'un peu de rembourrage en polyester et cousez-le d'un surjet sur la face avant de la housse (voir p. 125).

Cousez les boutons à l'endroit des yeux, avec du fil et une aiguille.

Endroits l'un contre l'autre, assemblez les lisières des paires de bois. Fixez les bois et les oreilles en vous inspirant de la photo.

Brodez deux nœuds français (voir p. 124) pour les naseaux et deux traits au point droit l'un sur l'autre, pour la bouche (voir p. 125).

Nouez le ruban à la base et fixez-le d'un point, rentrez tous les fils.

Le rose et le gris se marient toujours très bien ensemble, c'est pourquoi j'ai eu l'idée de cette ravissante housse en forme de souris, pour petite théière. Bien sûr, vous pouvez marier toutes les couleurs qui vous passent par la tête, en couleurs contrastantes, choisir un gris plus foncé, ou une petite souris blanche aux yeux rouges…

souris couvre-théière

Laine et mercerie

Laine qualité aran ou mérinos (55 % laine, 33 % acrylique, 12 % cachemire)
50 g/90 m
1 pelote col. gris galet (A)

Chutes DK col. rose (B)

2 boutons de bottine noirs de 8 mm

Garniture de jouet en polyester

Fil à coudre noir

Aiguilles

4,5 mm

Grosse aiguille à laine

Aiguille à coudre standard

Échantillon

20 m. et 27 rgs en jersey, carré de 10 cm, sur aiguille de 4,5 mm

Dimensions

Pour une théière ronde de 2 tasses, soit 11 cm de hauteur, la housse du modèle mesure en réalité 10,5 cm de hauteur et 24 cm de circonférence.

Abréviations

Voir p. 126.

Difficulté

★★☆

Réalisation

Corps (en faire 2)
Montez 24 m. en A.
Rg. 1 : end.
Com. par 1 rg de m. à l'end., trav. 4 rgs en jersey.
Rg 6 : 2 end., [m1, 4 end.] 5 fs, m1, 2 end. *(30 m.)*
Com. par 1 rg de m. à l'env., trav. 21 rgs en jersey.
Rg 28 : 1 end., [glis. 2, 1 end., par-dessus 2 m., 2 end.] 5 fs, glis. 2, 1 end., par-dessus 2 m., 1 end. *(18 m.)*
Rg 29 : env.
Rg 30 : [glis. 2, 1 end., par-dessus 2 m.] jsq à la fin. *(6 m.)*
Coupez le fil, passez à travers les m. rest., arrêtez en serrant bien.

Tête
Montez 34 m. en A.
Com. par 1 rg de m. à l'end., trav. 2 rgs en jersey.
Rg 3 : 6 end., GGT, 1 end., 2 m. ens. à l'end., 12 end., GGT, 1 end., 2 m. ens. à l'end., 6 end. *(30 m.)*
Rg 4 et en alternant 1 rg sur 2 : env.
Rg 5 : 5 end., GGT, 1 end., 2 m. ens. à l'end., 10 end., GGT, 1 end., 2 m. ens. à l'end., 5 end. *(26 m.)*
Rg 7 : 4 end., GGT, 1 end., 2 m. ens. à l'end., 8 end., GGT, 1 end., 2 m. ens. à l'end., 4 end. *(22 m.)*
Rg 9 : 3 end., GGT, 1 end., 2 m. ens. à l'end., 6 end., GGT, 1 end., 2 m. ens. à l'end., 3 end. *(18 m.)*
Rg 11 : 2 end., GGT, 1 end., 2 m. ens. à l'end., 4 end., GGT, 1 end., 2 m. ens. à l'end., 2 end. *(14 m.)*
Rg 13 : 1 end., GGT, 1 end., 2 m. ens. à l'end., 2 end., GGT, 1 end., 2 m. ens. à l'end., 1 end. *(10 m.)*

Rg 15 : GGT, 1 end., 2 m. end. à l'end., GGT, 1 end., 2 m. ens. à l'end. *(6 m.)*
Ne tricotez pas de rg à l'env. après le rg. 15.
Coupez le fil, passez à travers les m. rest., arrêtez en serrant bien.

Oreilles (en faire 2)
Montez 3 m. en A.
Rg 1 : [aug.] 3 fs. *(6 m.)*
Com. par 1 rg de m. à l'env., trav. 3 rgs en jersey.
Rg 5 : 1 end., GGT, 2 m. ens. à l'end., 1 end. *(4 m.)*
Rg 6 : [2 m. ens. à l'env.] 2 fs. *(2 m.)*
Rg 7 : [aug.] 2 fs. *(4 m.)*
Rg 8 : [aug. à l'env., 1 env.] 2 fs. *(6 m.)*
Com. par 1 rg de m. à l'env., trav. 3 rgs en jersey.
Rg 12 : [2 m. ens. à l'env.] 3 fs. *(3 m.)*
Rabattez.

Queue
Montez 5 m. en B.
Com. par 1 rg de m. à l'end., trav. 60 rgs en jersey.
Rg 61 : GGT, 1 end., 2 m. ens. à l'end. *(3 m.)*
Coupez le fil, passez à travers les m. rest., arrêtez en serrant bien.

Assemblage

Enfilez sur une aiguille le fil restant de l'une des parties tricotées du corps et passez-le dans toutes les mailles restantes des deux parties afin d'arrêter le tricot. Arrêtez en serrant bien. Avec des points plats (voir p. 125) assemblez sur 1 cm à partir du bas, et sur 6 cm à partir du haut, des deux côtés de la housse, pour laisser passer le bec et la poignée de la théière.

Cousez la partie inférieure de la lisière de la tête au point de matelas (voir p. 124–125), garnissez d'un peu de rembourrage en polyester, puis cousez les yeux. Fixez la tête au point de surjet (voir p. 125).

Pliez les oreilles endroit contre endroit et cousez d'un point de surjet les parties rondes. Retournez-les sur l'endroit et écartez légèrement la base, cousez-les sur la tête en vous inspirant de la photo. Montez une chaînette en B (voir p. 121) et enroulez-la sur elle-même en la fixant de quelques points et fixez-la sur l'avant du museau.

Assemblez les deux lisières de la queue et fixez-la d'un point. Rentrez tous les fils.

mouton protège-cafetière

Épaisse et très douillette, cette jolie housse à cafetière gardera votre café chaud assez longtemps pour que vous puissiez profiter d'une seconde tasse. Cette housse est tricotée sur de grosses aiguilles, avec une laine épaisse – elle se tricote donc en un clin d'œil. Quant à la tête et sa petite houppette de laine, elles sont beaucoup plus faciles à tricoter qu'il n'y paraît, alors lancez-vous !

Laine et mercerie

Laine super chunky (ou super bulky) (83 % acrylique, 10 % laine, 8 % rayonne) 170 g/97 m
  1 pelote col. ficelle (A)

Chutes de DK col. gris foncé (B)

2 boutons de bottine noirs de 8 mm

Chutes de DK col. noir

Garniture de jouet en polyester

1 bande de velcro à coudre de 6 cm

Fil à coudre, blanc et noir

Aiguilles

6 mm

3,25 mm

Grosse aiguille à coudre

Grosse aiguille à broder

Aiguille à coudre standard

Échantillon

13 ms. et 16 rgs en jersey, carré de 10 cm sur aiguille de 6 mm, en A

Dimensions

14 cm de large, 11 cm de hauteur, conviendra pour une cafetière de 15 cm de hauteur et de 9 cm de circonférence environ.

Abréviations

Voir p. 126.

Difficulté

★★☆

Réalisation

Corps

Sur une aiguille 6 mm, montez 32 m. en A.
Rg 1 : [1 end., 1 env.] jsq à la fin.
Rg 2 : [1 env., 1 end.] jsq à la fin.
Rép. rgs 1–2, 1 fs.
Rg 5 : Montez 4 m., [1 end., 1 env.] jsq à la fin. *(36 m.)*
Rg 6 : [1 env., 1 end.] jsq à la fin.
Rg 7 : [1 end., 1 env.] jsq à la fin.
Rg 8 : [1 env., 1 end.] jsq à la fin.
Rép. rgs 7–8, 4 fs.
Rg 17 : rab. 4 m., [1 env., 1 end.] jsq à la dern. m., 1 env. *(32 m.)*
Rg 18 : [1 env., 1 end.] jsq à la fin.
Rg 19 : [1 end., 1 env.] jsq à la fin.
Rg 20 : [1 env., 1 end.] jsq à la fin.
Rép. rgs 19–20, 1 fs.
Rabattez.

Tête

Sur une aiguille 3,25 mm, montez 16 m. en B.
Com. par 1 rg de m. à l'end., trav. 8 rgs en jersey.
Rg 9 : 2 m. ens. à l'end., end. jsq 2 dern. m., GGT *(14 m.)*
Com. par 1 rg de m. à l'env., trav. 5 rgs en jersey.
Rg 15 : 2 m. ens. à l'end., end. jsq 2 dern. m., GGT *(12 m.)*
Rg 16 : env.
Rép. rgs 15–16, 1 fs. *(10 m.)*
Rg 19 : 2 m. ens. à l'end., end. jsq 2 dern. m., GGT *(8 m.)*
Rg 20 : 2 m. ens. à l'env., end. jsq 2 dern. m., 2 m. ens. à l'env. *(6 m.)*
Rg 21 : 2 m. ens. à l'end., 2 end., GGT *(4 m.)*, rab. à l'env.

Oreilles (en faire 2)

Sur une aiguille 3,25 mm, montez 3 m. en B.
Rg 1 : [aug.] 2 fs, 1 end. *(5 m.)*
Com. par 1 rg de m. à l'env., trav. 3 rgs en jersey.
Rg 5 : GGT, 1 end., 2 m. ens. à l'end. *(3 m.)*
Rg 6 : env.
Rg 7 : dim. SD *(1 m.)*
Coupez le fil et arrêtez.

Houppette

Sur une aiguille 6 mm, montez 7 m. en A. Rabattez.

Assemblage

Cousez les bords les plus étroits au point plat (voir p. 125), en laissant 1 cm de libre en haut et en bas pour la poignée. Coupez la bande de Velcro en deux, sur la longueur – conservez la partie restante pour d'autres travaux. Cousez la partie crochet sous la partie du rabat et cousez la partie accroche en vis-à-vis, sur le corps du mouton.

Cousez les boutons pour les yeux et fixez les côtés de la tête en place avec un surjet (voir p. 125). Remplissez la tête de garniture pour jouet et fermez-la par le dessus.

Cousez les oreilles et la houppette de laine sur le dessus, et en vous inspirant de la photo, brodez le museau au point droit (voir p. 123). Rentrez tous les fils.

capuchon lapin pour œuf coque

Voici le modèle le plus simple et le plus rapide de cet ouvrage – idéal pour se lancer. Il s'agit de tricoter une combinaison de points mousse et de jersey, pour voir se monter ces petits lapins en deux temps trois mouvements.

Laine

Pour le capuchon bleu
Laine chunky ou bulky (100 % mérinos) 50 g/60 m
1 pelote col. bleu clair

Pour le capuchon rose
Laine chunky ou bulky (100 % mérinos) 50 g/65 m
1 pelote col. rhubarbe

Chutes de DK col. blanc chunky ou bulky

Chutes de DK col. noir

Aiguilles

5,5 mm

Grosse aiguille à coudre

Grosse aiguille à broder

Échantillon

16 m. et 22 rgs en jersey, carré de 10 cm, sur aiguille de 5,5 mm

Dimensions

9 cm de hauteur, 19 cm de circonférence environ.

Abréviations

Voir p. 126

Difficulté

*

Réalisation

Partie principale

Montez 32 m. dans le col. de votre choix.
Rg 1 : [1 end., 1 env.] jsq à la fin.
Rg 2 : [1 env., 1 end.] jsq à la fin.
Rg 3 : [1 end., 1 env.] jsq à la fin.
Com. par 1 rg de m. à l'env., trav. 15 rgs en jersey.
Rg 19 : 2 end., [glis. 2, 1 end., par-dessus 2 m., 2 end.] jsq à la fin. *(20 m.)*
Rg 20 : 2 m. ens. à l'env., env. jsq 2 dern. m, 2 m. ens. à l'env. *(18 m.)*
Rg 21 : [glis. 2, 1 end., par-dessus 2 m.] jsq à la fin. *(6 m.)*
Coupez le fil, passez à travers les m. rest., arrêtez en serrant bien.

Oreilles (en faire 2)

Montez 4 m.
Rg 1 : [1 end., 1 env.] 2 fs.
Rg 2 : [1 env., 1 end.] 2 fs.
Rép. rgs 1–2, 7 fs.
Rg 17 : 2 m. ens. à l'env., 2 m. ens. à l'end. *(2 m.)*
Rg 18 : 2 m. ens. à l'end. *(1 m.)*
Coupez le fil et arrêtez.

Assemblage

Au point de matelas, assemblez la housse par les lisières du dos (voir p. 124). Cousez les oreilles en pinçant la base, afin de leur donner leur forme. Brodez deux petits yeux au point de chaînette (voir p. 123). Avec le même fil, brodez le museau en forme de croix. Avec les chutes de DK blanc, brodez une bordure blanche au point avant, juste au-dessus de la lisière inférieure, en vous inspirant de la photo. Rentrez les fils.

hérisson couvre-théière

Le hérisson est l'une des créatures les plus mignonnes que l'on puisse trouver en forêt. Celui-ci est en laine toute douce, bien chaude, alors faites-lui une petite place sur votre plateau à l'heure du thé ou du petit déjeuner.

Laine et mercerie

Laine qualité aran (54 % alpaga, 46 % nylon) 25 g/115 m
1 pelote col. brun pâle (A)

Laine qualité aran (65 % laine, 35 % alpaga) 50 g/75 m
1 pelote col. beige clair (B)

2 boutons de bottine noirs de 8 mm

Chutes DK noir

Fil à coudre noir

Garniture de jouet en polyester

Aiguilles

4,5 mm

3,25 mm

Porte-mailles

Grosse aiguille à coudre

Grosse aiguille à broder

Aiguille à coudre standard

Échantillon

18 m. et 22 rgs en jersey, carré de 10 cm, sur aiguille de 4,5 mm, en A

Dimensions

Pour une théière ronde de 2 tasses, soit 11 cm de hauteur, la housse du modèle mesure en réalité 11 cm de hauteur et 28 cm de circonférence.

Abréviations

Voir p. 126.

Difficulté

★★☆

Réalisation

Corps (en faire 2)

Sur une aiguille 4,5 mm, montez 30 m. en A.
Rg 1 : [2 end., 2 env.] jsq 2 dern. m., 2 end.
Rg 2 : [2 env., 2 end.] jsq 2 dern. m., 2 env.
2 rgs end.
Rép. rgs 1– 4, 6 fs.
Rg 29 : [2 m. ens. à l'end., 2 env.] jsq 2 dern. m, 2 m. ens. à l'end. *(22 m.)*
Rg 30 : [1 env., 2 end.] jsq à dern. m., 1 env.
Rg 31 : [1 end., 2 m. ens. à l'end.] jsq à dern. m, 1 end. *(15 m.)*
Rg 32 : end.
Rg 33 : 1 end., [2 m. ens. à l'end.] 3 fs, 1 end., [2 m. ens. à l'end.] 3 fs, 1 end. *(9 m.)*
Rg 34 : [2 m. ens. à l'end.] 2 fs, 1 end., [2 m. ens. à l'end.] 2 fs. *(5 m.)*
Coupez le fil, passez à travers les m. rest., et passez les m. sur un porte-mailles.

Tête

Sur une aiguille 4,5 mm, montez 30 m. en A en fil doublé.
2 rgs end.
Coupez A et cont. avec B.
Rg 3 : 5 end., GGT, 1 end., 2 m. ens. à l'end., 10 end., GGT, 1 end., 2 m. ens. à l'end., 5 end. *(26 m.)*
Rg 4 et en alternant 1 rg sur 2, à moins que ce ne soit spécifié autrement : env.
Rg 5 : 4 end., GGT, 1 end., 2 m. ens. à l'end., 8 end., GGT, 1 end., 2 m. ens. à l'end., 4 end. *(22 m.)*
Rg 7 : 3 end., GGT, 1 end., 2 m. ens. à l'end., 6 end., GGT, 1 end., 2 m. ens. à l'end., 3 end. *(18 m.)*
Rg 9 : 2 end., GGT, 1 end., 2 m. ens. à l'end., 4 end., GGT, 1 end., 2 m. ens. à l'end., 2 end. *(14 m.)*
Rg 11 : 1 end., GGT, 1 end., 2 m. ens. à l'end., 2 end., GGT, 1 end., 2 m. ens. à l'end., 1 end. *(10 m.)*
Rg 13 : GGT, 1 end., 2 m. ens. à l'end., GGT, 1 end., 2 m. ens. à l'end. *(6 m.)*
Ne faites pas de rg env. après le rg 13.
Coupez le fil, passez à travers les m. rest.

Oreilles (en faire 2)

Sur une longueur de 30 cm de A, formez une moitié de longueur de fil simple, et conservez une partie de fil doublé. Mettez le fil non utilisé de côté.
Sur une aiguille 3,25 mm, montez 4 m. en fil doublé.
Rg 1 : end.

Rg 2 : GGT, 2 m. ens. à l'end. *(2 m.)*
Rg 3 : 2 m. ens. à l'end. *(1 m.)*
Coupez les fils et arrêtez.

Assemblage

Enfilez sur une aiguille le fil restant de l'une des parties tricotées du corps et passez-le dans toutes les mailles restantes – y compris les mailles bloquées sur le porte-mailles – des deux parties afin d'arrêter le tricot. Arrêtez en serrant bien.

Avec des points plats (voir p. 125) assemblez sur 1,5 cm à partir du bas, et sur 6 cm à partir du haut, des deux côtés de la housse, pour laisser passer le bec et la poignée de la théière. Assemblez la tête par la lisière inférieure, avec un point de matelas (voir p. 124-125), tassez un peu de garniture pour jouet à l'intérieur, et cousez les yeux sur l'avant ainsi que les oreilles, en vous inspirant de la photo. Fixez la tête avec un surjet (voir p. 125). Brodez un museau en formant un tortillon de points de chaînette (voir p. 123). Rentrez les fils.

Les macareux sont très reconnaissables – le motif de leur tête devient ici un capuchon pour œuf coque des plus graphiques. La technique implique un peu de jacquard à deux couleurs, mais le motif est assez simple pour ceux qui veulent s'attaquer à cette façon de faire, étape par étape.

capuchon macareux pour œuf coque

Laine et mercerie

Laine chunky ou bulky (100 % mérinos) 50 g/60 m
- 1 pelote col. noir (A)
- 1 pelote col. écru (B)

Chutes de DK col. gris foncé (C) et col. orange (D)

2 boutons de bottine noirs de 8 mm

Aiguilles

5,5 mm

Grosse aiguille à coudre

Grosse aiguille à broder

Échantillon

16 m. et 22 rgs en jersey, carré de 10 cm, sur aiguille de 5,5 mm, en A ou B

Dimensions

9 cm de hauteur, 19 cm de circonférence environ à la base.

Abréviations

Voir p. 126.

Difficulté

★★★

Réalisation

Partie principale

Coupez deux longueurs de A de 95 cm environ.
Montez 32 m. en A du centre de la pelote.
Rg 1 : end.
Puis, montez 4 rgs en jersey.
Rg 6 (suivre schéma) : 5 end. en A, cont. avec B et 4 end., cont. avec le fil coupé de A, 14 end., cont. avec B du centre de la pelote, 4 end., cont. avec A du centre de la pelote et end. jsq à la fin.
Montez rgs 2–4 du schéma.
Coupez une longueur de A et de B (à l'extérieur de la pelote).
Suivez le patron, cont. avec la seconde longueur de A dans le deuxième groupe de mailles noires, cont. avec la longueur de B au deuxième groupe de mailles écru sur le rg 8 du schéma.
Après le rg 11 du schéma, coupez tous les fils excepté le A de la pelote et terminez le modèle normalement, avec le fil A.
Rg 17 : env.
Rg 18 : 2 end., [glis. 2, 1 end., par-dessus 2 m., 2 end.] jsq à la fin. *(20 m.)*
Rg 19 : 2 m. ens. à l'env., env. jsq 2 dern. m, 2 m. ens. à l'env. *(18 m.)*
Rg 20 : [glis. 2, 1 end., par-dessus 2 m.] jsq à la fin. *(6 m.)*
Coupez le fil, passez à travers m., arrêtez en serrant bien.

Bec (en faire 2)

Doublez C et D sur tout le modèle.
Montez 9 m. en C.
Rg 1 : 1 end. en D, 7 end. en C, 1 end. en D.
Rg 2 : 2 env. en D, 5 env. en C, 2 env. en D.
Rg 3 : 3 end. en D, 3 end. en C, 3 end. en D.
Rg 4 : 4 env. en D, 1 env. en C, 4 env. en D.
Coupez C et trav. le reste du bec en D.
Rg 5 : GGT, end. jsq 2 dern. m, 2 m. ens. à l'end. *(7 m.)*
Rg 6 : env.
Rg 7 : GGT, end. jsq 2 dern. m, 2 m. ens. à l'end. *(5 m.)*
Rg 8 : 2 m. ens. à l'env., 1 env., 2 m. ens. à l'env. *(3 m.)*
Rg 9 : Glis 2, 1 end., par-dessus 2 m. *(1 m.)*
Coupez le fil et arrêtez.

Assemblage

Placez les deux faces du bec côté endroit face à face, et faites un surjet pour les assembler sur la partie arrondie – laissez la partie du bord arrêté non cousue.

Tournez la pièce sur l'endroit. Cousez les lisières de la partie principale au point de matelas (voir p. 124–125), laissez un espace pour le bec.

Insérez-le et cousez-le avec un surjet, sur les deux côtés.

Brodez les yeux avec une chute de A, au point de chaînette (voir p. 123) en vous inspirant de la photo. Cousez les yeux, rentrez tous les fils.

Capuchon macareux schéma

■ A □ B

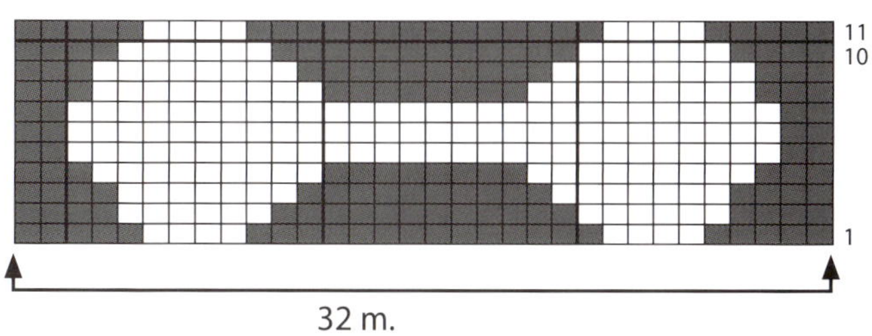

chapitre 2

à la maison

housse renard pour bouillotte

Cette housse en forme de renard endormi abrite une bouillotte qui vous procurera douceur et réconfort les longs soirs d'hiver. Ce magnifique objet ravira tous les frileux – c'est aussi un cadeau original à offrir autour de soi. Choisissez une laine d'un joli roux, contenant suffisamment de synthétique pour être lavable en machine, et qui peluchera le moins possible.

Laine et mercerie

Laine chunky ou bulky (70% acrylique, 20 % alpaga, 10 % laine) 100 g/80 m
- 1 pelote col. roux (A)
- 1 pelote col. crème (B)

Chutes de DK col. noir

1 bouton noir

1 bouton-pression

Aiguilles

6 mm

Grosse aiguille à coudre

Grosse aiguille à broder

Échantillon

15 m. et 18 rgs en jersey, carré de 10 cm, sur aiguille de 6 mm, en A

Dimensions

33 cm de long sans les oreilles. Convient pour une bouillotte standard de 32,5 cm de long (col de remplissage compris) et de 20 cm de large.

Abréviations

Voir p. 126.

Difficulté

★★☆

Réalisation

Avant et arrière de la housse (en faire 2)
Montez 28 m. en A.
Com. par 1 rg de m. à l'end., trav. 54 rgs en jersey.
6 m. end.
Rabattez.

Dessus de la tête
Déroulez 5 mètres de A.
Montez 28 m. en A du centre de la pelote.
Com. par 1 rg de m. à l'end. trav. 6 rgs en jersey.
Rg 7 : 2 end., 2 m. ens. à l'end., end. jsq 4 der. m, GGT, 2 end. *(26 m.)*
Rg 8 : env.
Rg 9 : prenez B et 5 end. en B avec le fil extérieur à la pelote, 16 end. en A du fil séparé, 5 end. en B du centre de la pelote.
Rg 10 : 7 env. en B, 12 env. en A, 7 env. en B.
Rg 11 : 8 end. en B, 10 end. en A, 8 end. en B.
Rg 12 : 9 env. en B, 8 env. en A, 9 env. en B.
Rg 13 : 2 end., 2 m. ens. à l'end., 6 end. en B, 6 end. en A, 6 end., GGT, 2 end. en B. *(24 m.)*
Rg 14 : 8 env. en B, 8 env. en A, 8 env. en B.
Rg 15 : 2 end., 2 m. ens. à l'end., 5 end. en B, 6 end. en A, 5 end., GGT, 2 end. en B. *(22 m.)*
Rg 16 : 8 env. en B, 6 env. en A, 8 env. en B.
Rg 17 : 2 end., 2 m. ens. à l'end., 4 end. en B, 6 end. en A, 4 end., GGT, 2 end. en B. *(20 m.)*
Rg 18 : 7 env. en B, 6 env. en A, 7 env. en B.
Rg 19 : 2 end., 2 m. ens. à l'end., 3 end. en B, 6 end. en A, 3 end., GGT, 2 end. en B. *(18 m.)*
Rg 20 : 6 env. en B, 6 env. en A, 6 env. en B.
Rg 21 : 2 end., 2 m. ens. à l'end., 2 end. en B, 6 end. en A, 2 end., GGT, 2 end. en B. *(16 m.)*
Rg 22 : 5 env. en B, 6 env. en A, 5 env. en B.
Rg 23 : 2 end., 2 m. ens. à l'end., 1 end. en B, 6 end. en A, 1 end., GGT, 2 end. en B. *(14 m.)*
Rg 24 : 4 env. en B, 6 env. en A, 4 env. en B.
Rg 25 : 2 end., 2 m. ens. à l'end. en B, 6 end. en A, GGT, 2 end. en B. *(12 m.)*
Rg 26 : 3 env. en B, 6 env. en A, 3 env. en B.
Rg 27 : 2 end., 2 m. ens. à l'end. en B, 4 end. en A, GGT, 2 end. en B. *(10 m.)*
Rg 28 : 3 env. en B, 4 env. en A, 3 env. en B.
Rg 29 : 1 end., 2 m. ens. à l'end. en B, 4 end. en A, GGT, 1 end. en B. *(8 m.)*
Coupez les deux brins de B et trav. le reste de l'ouvrage en A.
Rg 30 : env.
Rg 31 : [2 m. ens. à l'end.] 2 fs., [GGT] 2 fs. *(4 m.)*
Rg 32 : env.
Rg 33 : 2 m. ens. à l'end., GGT. *(2 m.)*
Rg 34 : 2 m. ens. à l'env. *(1 m.)*
Coupez le fil et arrêtez.

Dessous de la tête

Montez 28 m. en B.

Com. par 1 rg de m. à l'end., trav. 6 rgs en jersey.

Rg 7 : 2 end., 2 m. ens. à l'end., end. jsq 4 der. m, GGT, 2 end. *(26 m.)*

Com. par 1 rg de m. à l'env., trav. 5 rgs en jersey.

Rg 13 : 2 end., 2 m. ens. à l'end., end. jsq 4 der. m, GGT, 2 end. *(24 m.)*

Rg 14 : env.

Rep rgs 13–14, 8 fs. *(8 m.)*

Rg 31 : [2 m. ens. à l'end.] 2 fs., [GGT] 2 fs. *(4 m.)*

Rg 32 : env.

Rg 33 : 2 m. ens. à l'end., GGT. *(2 m.)*

Rg 34 : 2 m. ens. à l'env. *(1 m.)*

Coupez le fil et arrêtez.

Oreilles (en faire 2)

Montez 12 m. en A.

Com. par 1 rg de m. à l'end., trav. 2 rgs en jersey.

Rg 3 : 1 end., GGT, 6 end., 2 m. ens. à l'end., 1 end. *(10 m.)*

Rg 4 : env.

Rg 5 : 1 end., GGT, 4 end., 2 m. ens. à l'end., 1 end. *(8 m.)*

Rg 6 : env.

Rg 7 : 1 end., GGT, 2 end., 2 m. ens. à l'end., 1 end. *(6 m.)*

Rg 8 : env.

Rg 9 : 1 end., GGT, 2 m. ens. à l'end., 1 end. *(4 m.)*

Rg 10 : [2 m. ens. à l'env.] 2 fs. *(2 m.)*

Rg 11 : 2 m. ens. à l'end. *(1 m.)*

Rg 12 : aug. à l'env. *(2 m.)*

Rg 13 : [aug.] 2 fs. *(4 m.)*

Rg 14 : env.

Rg 15 : 1 end., m1, 2 end., m1, 1 end. *(6 m.)*

Rg 16 : env.

Rg 17 : 1 end., m1, 4 end., m1, 1 end. *(8 m.)*

Rg 18 : env.

Rg 19 : 1 end., m1, 6 end., m1, 1 end. *(10 m.)*

Rg 20 : env.

Rg 21 : 1 end., m1, 8 end., m1, 1 end. *(12 m.)*

Com. par 1 rg de m. à l'env., trav. 2 rgs en jersey.

Rab. à l'end.

Assemblage

Brodez les yeux en points de chaînette (voir p. 123) avec une chute de DK noir.

Posez l'endroit de la tête face à l'endroit du dessous de la tête et assemblez avec un surjet (voir p. 125) le long des côtés. Retournez la tête sur l'endroit et assemblez le haut au point de matelas (voir p. 125).

Les oreilles étant tricotées d'un seul tenant, en forme de papillon, repliez-les endroit contre endroit et assemblez les côtés avec un surjet. Laissez la base ouverte pour les retourner sur l'endroit. Cousez ensuite la base avec un surjet avant de les coudre sur la housse.

Assemblez les côtés de la housse au point plat (voir p. 125) et le bord inférieur au point de matelas. Assemblez la tête au corps de la housse. Cousez le bouton pour la truffe.

Cousez les deux parties du bouton-pression en vis-à-vis, sous le museau, au niveau du bouton.

Rentrez tous les fils.

papillon
pour vase

Pour donner une touche personnelle à vos vases, ce modèle super simple se tricote très vite. Sa texture ajourée est très élastique, ainsi il épousera vos vases droits, comme ceux de forme plus arrondie. Pour une housse plus grande, montez des mailles supplémentaires – toujours un nombre pair – et tricotez votre housse normalement, jusqu'à la fin.

Laine

Coton DK (92 % coton, 8 % polyester) 50 g/105 m
1 pelote col. vert foncé (A)

Chutes de DK col. gris foncé (B) et col. rose fuchsia (C) ou tout autre laine et coloris au choix pour le papillon

Aiguilles

4 mm

3,25 mm

Crochet de 2,75 mm (ou de la grosseur de votre fil)

Grosse aiguille à coudre

Grosse aiguille à broder

Colle blanche PVA (facultatif)

Échantillon

22 m. et 30 rgs en jersey,
carré de 10 cm
sur aiguille de 4 mm

Dimensions

25 cm de haut et 7 cm de diamètre. Ce modèle est élastique – adaptez le nombre de mailles à monter selon la taille que vous souhaitez obtenir.

Abréviations

Voir p. 126.

Difficulté

★★★

Réalisation

Partie principale

Sur une aiguille 4 mm, montez 34 m. en A.
Rg 1 : 1 end., [2 m. ens. à l'end., MJ] jsq der. m., 1 end.
Rg 2 : env.
Rg 3 : 1 end., [MJ, 2 m. ens. à l'end.] jsq der. m., 1 end.
Rg 4 : env.
Rép. 4 der. rgs, 15 fs.
3 rgs end. Rabattez.

Corps du papillon

Sur une aiguille 3,25 mm, montez 2 m. en B.
Rg 1 : [aug.] 2 fs. *(4 m.)*
Rg 2 : env.
Rg 3 : 1 end., m1, 2 end., m1, 1 end. *(6 m.)*
Com. par 1 rg de m. à l'env., trav. 15 rgs en jersey.
Rg 19 : GGT, 2 end., 2 m. ens. à l'end. *(4 m.)*
Rg 20 : [2 m. ens. à l'env.] 2 fs. *(2 m.)*
Coupez le fil et arrêtez.

Antenne du papillon

Séparez une longueur de 50 cm de B en deux fils.
Montez une chaînette de 11 cm (voir p. 121),
en serrant assez fort.

Aile du papillon - côté 1

Choisissez quel côté sera la queue, et celui qui sera la tête du papillon.
En partant du côté tête, endroit face à vous, rel. et trav. 8 m. end. en C le long du corps, sur une aig. de 3,25 mm.
Rg 2 : aug. à l'env., env. jsq 2 der. m., aug. à l'env., 1 env. *(10 m.)*
Rg 3 : aug., end. jsq 2 der. m, aug., 1 end. *(12 m.)*
Rg 4 : env.
Rg 5 : 1 end., m1, end. jsq der. m, m1, 1 end. *(14 m.)*
Rg 6 : env.
Rg 7 : 7 end., tournez et trav. uniquement ces 7 m, laissez les m. rest. sur l'aig.*
Com. par 1 rg de m. à l'env., trav. 3 rgs en jersey.
Coupez C et cont. avec B.
Rg suiv. : end.
Rg suiv. : 2 m. ens. à l'env., env. jsq 2 der. m., 2 m. ens. à l'env. *(5 m.)*
Rg suiv. : GGT, 1 end., 2 m. ens. à l'end. *(3 m.)*
Rg suiv. : env.
Rg suiv. : dim. SD. *(1 m.)*
Coupez le fil et arrêtez.
Endroit face à vous, joignez C aux m. rest.
Com. par 1 rg de m. à l'end. trav. 3 rgs en jersey.
Rg suiv. : 2 m. ens. à l'env., env. jsq 2 der. m., 2 m. ens. à l'env. *(5 m.)*
Rg suiv. : GGT, 1 end., 2 m. ens. à l'end. *(3 m.)*
Rg suiv. : 3 m. ens. à l'env. *(1 m.)*
Coupez le fil et arrêtez.

Aile du papillon - côté 2

En partant du côté queue, endroit face à vous, rel. et trav. 8 m. end. en C le long du corps, sur une aig. de 3,25 mm.
Trav. comme côté 1 jsq *.
Cont. en C.
Com. par 1 rg de m. à l'env., trav. 2 rgs en jersey.
Rg suiv. : 2 m. ens. à l'env., env. jsq 2 der. m., 2 m. ens. à l'env. *(5 m.)*
Rg suiv. : GGT, 1 end., 2 m. ens. à l'end. *(3 m.)*
Rg suiv. : 3 m. ens. à l'env. *(1 m.)*
Coupez le fil et arrêtez.
Endroit face à vous, joignez C aux m. rest.
Com. par 1 rg de m. à l'end. trav. 4 rgs en jersey.
Coupez C et cont. avec B.
Rg suiv. : end.
Rg suiv. : 2 m. ens. à l'env., env. jsq 2 der. m., 2 m. ens. à l'env. *(5 m.)*
Rg suiv. : GGT, 1 end., 2 m. ens. à l'end. *(3 m.)*
Rg suiv. : env.
Rg suiv. : dim. SD. *(1 m.)*
Coupez le fil et arrêtez.

Assemblage

Assemblez le dos au point plat (voir p. 125).

Passez l'antenne à travers la tête du papillon et coupez les fils qui dépassent.

En B, brodez un nœud français (voir p. 124) en haut et au sommet de chaque aile.

Afin que les antennes tiennent bien en place, lorsqu'elles sont bien placées, trempez-les dans une solution de colle blanche et d'eau, diluée de 1 pour 9, tirez-les bien et laissez-les sécher.

Cousez le papillon sur la résille en vous inspirant de la photo et rentrez tous les fils.

Cet adorable petit ensemble gardera votre bébé bien au chaud – et ce de la façon la plus mignonne qui soit ! J'ai choisi une laine très douce lavable en machine, de plus, les fils d'aujourd'hui se déclinent en quantité de couleurs. Optez pour une composition en laine majoritaire, gage de chaleur et de tenue. Le modèle présenté conviendra pour un bébé de la naissance à 3 mois et c'est toujours un cadeau très apprécié.

cocon et bonnet ourson pour bébé

Laine

Chunky (60 % acrylique, 40 % laine)
100 g/110 m
2 pelotes col. taupe

(Si vous ne tricotez que le cocon, deux pelotes seront nécessaires, si vous ne tricotez que le bonnet, une seule pelote suffira.)

Aiguilles

6,5 mm

6 mm

Aiguille à coudre

Échantillon

14 m. et 17 rgs en jersey, carré de 10 cm, sur aiguille de 6,5 mm

Dimensions

Le cocon mesure 42 cm de long, du haut jusqu'au nœud et le bonnet mesure 30 cm de circonférence. Les deux pièces conviendront pour un bébé de la naissance à 3 mois. Pour des raisons de sécurité, placez le bébé dans le cocon afin que le bord supérieur de l'ouvrage soit juste au-dessus de la taille du bébé, sous ses bras.

Abréviations

Voir p. 126.

Difficulté

*★★

Pour le cocon

Sur une aiguille 6,5 mm, montez 54 m.

Com. par 1 rg de m. à l'end., trav. 4 rgs en jersey.

Rg 5 : 2 end., [2 env., 2 end.] jsq à la fin.

Rg 6 : 2 env., [2 end., 2 env.] jsq à la fin.

Rép. rgs 5–6, 2 fs.

Com. par 1 rg de m. à l'end., trav. 58 rgs en jersey.

Rg 69 : 3 end., [glis. 2, 1 end., par-dessus 2 m., 6 end.] 5 fs, glis. 2, 1 end., par-dessus 2 m., 3 end. *(42 m.)*

Rg 70 : env.

Rg 71 : 2 end., [glis. 2, 1 end., par-dessus 2 m., 4 end.] 5 fs, glis. 2, 1 end., par-dessus 2 m., 2 end. *(30 m.)*

Rg 72 : env.

Rg 73 : 1 end., [glis. 2, 1 end., par-dessus 2 m., 2 end.] 5 fs, glis. 2, 1 end., par-dessus 2 m., 1 end. *(18 m.)*

Rg 74 : [2 m. ens. à l'env.] jsq à la fin. *(9 m.)*

Com. par 1 rg de m. à l'end., trav. 15 rgs en jersey.

Rg suiv. : [2 m. ens. à l'env.] jsq à la fin. *(3 m.)*

Coupez le fil, passez à travers les m. rest., arrêtez en serrant bien.

Assemblage

Assemblez par les lisières arrière au point de matelas (voir p. 124).

Nouez le bas. Rentrez tous les fils.

Pour le bonnet

Sur une aiguille 6,5 mm, montez 42 m.
Com. par 1 rg de m. à l'end., trav. 18 rgs en jersey.
Rg 19 : 2 end., [glis. 2, 1 end., par-dessus 2 m., 4 end.] 5 fs, glis. 2, 1 end., par-dessus 2 m., 2 end. *(30 m.)*
Rg 20 : env.
Rg 21 : 1 end., [glis. 2, 1 end., par-dessus 2 m., 2 end.] 5 fs, glis. 2, 1 end., par-dessus 2 m., 1 end. *(18 m.)*
Rg 22 : env.
Rg 23 : [glis. 2, 1 end., par-dessus 2 m.] 6 fs. *(6 m.)*
Coupez le fil, passez à travers les m. rest., arrêtez en serrant bien.

Oreilles (en faire 2)
Sur une aiguille 6 mm, montez 6 m.
Com. par 1 rg de m. à l'end., trav. 2 rgs en jersey.
Rg 5 : GGT, 2 end., 2 m. ens. à l'end. *(4 m.)*
Rg 6 : [2 m. ens. à l'env.] 2 fs. *(2 m.)*
Rg 7 : [aug.] 2 fs. *(4 m.)*
Rg 8 : [aug. à l'env., 1 env.] 2 fs. *(6 m.)*
Com. par 1 rg de m. à l'end., trav. 3 rgs en jersey.
Rab. à l'env.

Assemblage

Assemblez par les lisières arrière au point de matelas (voir p. 124).

Pliez chaque oreille endroit contre endroit, assemblez-les avec un surjet sur les bords arrondis (voir p. 125), gardez les bords inférieurs ouverts et retournez les oreilles sur l'endroit.

Cousez les bords inférieurs et fixez les oreilles sur le bonnet. Rentrez les fils.

housse petit cochon pour bouillotte

Le cochon est un animal résolument sympathique, et à ce titre, il mérite bien de devenir une belle housse pour bouillotte. J'ai choisi une laine d'un joli rose, mais laissez-vous guider par vos propres goûts – la variété de couleurs est telle que vous pouvez choisir un gris pâle, ou un blanc crémeux… L'avantage de cette housse est qu'elle est aussi facile à tricoter et à assembler qu'un bonnet.

Laine et mercerie

Laine chunky ou bulky (100 % mérinos) 50 g/60 m
2 pelotes col. rose

2 boutons gris de 11 mm de diamètre

Chutes de DK col. noir

Fils à coudre noir et rose

1 bouton-pression

Aiguilles

5,5 mm

4 mm

Grosse aiguille à coudre

Grosse aiguille à broder

Aiguille à coudre

Échantillon

14 m. et 22 rgs en jersey, carré de 10 cm, sur aiguille de 5,5 mm

Dimensions

25 cm de long sans les oreilles. Convient pour une bouillotte standard de 24 cm de long (col de remplissage compris) et de 15 cm de large.

Abréviations

Voir p. 126.

Difficulté

★★☆

Réalisation

Arrière

Sur une aiguille 5,5 mm, montez 24 m.
Com. par 1 rg de m. à l'end., trav. 42 rgs en jersey.
Rg 43 : 2 end., 2 m. ens. à l'end., end. jsq 4 der. m, GGT, 2 end. *(22 m.)*
Com. par 1 rg de m. à l'env., trav. 3 rgs en jersey.*
Rép. rgs 43–46 *(4 der. rgs),* 1 fs. *(20 m.)*
Rabattez.

Avant

Procédez comme pour l'arrière, jsq *.
Rg 47 : 2 end., 2 m. ens. à l'end., end. jsq 4 der. m, GGT, 2 end. *(20 m.)*
Rg 48 : env.
Trav. 3 rgs.
Rabattez.

Tête (en faire 2)

Sur une aiguille 5,5 mm, montez 20 m.
Com. par 1 rg de m. à l'end., trav. 2 rgs en jersey.
Rg 3 : 2 end., m1, end. jsq 2 der. m, m1, 2 end. *(22 m.)*
Rg 4 : env.
Rép. rgs 3–4, 1 fs. *(24 m.)*
Com. par 1 rg de m. à l'end., trav. 14 rgs en jersey.
Rg 21 : 2 end., 2 m. ens. à l'end., end. jsq 4 der. m., GGT, 2 end. *(22 m.)*
Rg 22 : env.
Rg 23 : 2 end., 2 m. ens. à l'end., end. jsq 4 m., GGT, 2 end. *(20 m.)*
Rg 24 : 2 m. ens. à l'env., env. jsq 2 der. m., 2 m. ens. à l'env. *(18 m.)*
Rép. rgs 23–24, 2 fs *(10 m.)*
Rg 29 : 2 end., 2 m. ens. à l'end., end. jsq 4 der. m, GGT, 2 end. *(8 m.)*
Rg 30 : env.
Rabattez.

Oreilles

Sur aiguille 4 mm, montez 7 m.
Com. par 1 rg de m. à l'end., trav. 6 rgs en jersey.
Rg 7 : 2 m. ens. à l'end., 3 end., GGT. *(5 m.)*
Rg 8 : env.
Rg 9 : 2 m. ens. à l'end., 1 end., GGT. *(3 m.)*
Rg 10 : glis.1 à l'env., 2 m. ens. à l'env., par-dessus 1 m. *(1 m.)*
Coupez le fil et arrêtez.

Assemblage

Assemblez l'avant et l'arrière par les côtés, au point de matelas (voir p. 124).

Procédez de la même façon pour la tête. Assemblez le bord inférieur de la tête au bord supérieur du dos de la housse.

Assemblez les oreilles avec un surjet (voir p. 125) en vous inspirant de la photo.

Brodez deux nœuds français pour le groin (voir p. 124).

Cousez les deux parties du bouton-pression en vis-à-vis, sous le groin.

Rentrez tous les fils.

housse citrouille pour bocal

Cette housse, inspirée d'un décor d'Halloween, ira très bien autour d'un bocal de bonbons. Sa taille s'adapte à des contenants plus larges, montez simplement quelques mailles de plus – toujours un nombre de mailles multiple de 4, afin de conserver le motif de côtes. Pour ajuster la hauteur, continuez ou arrêtez de tricoter selon la taille voulue, avant de travailler le bord de finition.

Laine et mercerie

DK (100 % laine) 50 g/105 m
1 pelote col. orange (A)

Chutes de mohair col. noir (B) pour les araignées

Garniture de jouet en polyester

Aiguilles

3,75 mm

3,25 mm

Grosse aiguille à coudre

Échantillon

24 m. et 28 rgs en jersey,
carré de 10 cm,
sur aiguille de 3,75 mm, en A

Dimensions

13 cm de haut pour 29 cm de circonférence. Les petites araignées mesurent environ 12 mm et les plus grandes environ 16 mm.

Abréviations

Voir p. 126.

Difficulté

★★☆

Réalisation

Pièce principale

Sur une aiguille 3,75 mm, montez 53 m. en A.

Rg 1 : [1 end., 1 env., aug., 1 env.] jsq der. m., 1 end.

Rg 2 : [1 env., 1 end., 2 m. ens. à l'env., 1 end.] jsq der. m., 1 env.

Rép. rgs 1–2, 16 fs.

Trav 2 rgs.

Rabattez.

Petite araignée

Sur une aiguille 3,25 mm, montez 3 m. en B doublé.

Rg 1 : [aug.] jsq à la fin. *(6 m.)*

Rg 2 : [aug.] jsq à la fin. *(12 m.)*

Rg 3 : [2 m. ens. à l'end.] jsq à la fin. *(6 m.)*

Rg 4 : [2 m. ens. à l'end.] jsq à la fin. *(3 m.)*

Rabattez.

Grosse araignée

Sur une aiguille 3,25 mm, montez 4 m. en B doublé.

Rg 1 : [aug.] jsq à la fin. *(8 m.)*

Rg 2 : [aug.] jsq à la fin. *(16 m.)*

Trav. 2 rgs.

Rg 5 : [2 m. ens. à l'end.] jsq à la fin. *(8 m.)*

Rg 6 : [2 m. ens. à l'end.] jsq à la fin. *(4 m.)*

Rabattez.

Assemblage

Assemblez le dos de la housse au point plat (voir p. 125).

Assemblez les araignées : garnissez-les d'une petite quantité de garniture pour jouet, passez le fil dans les mailles du pourtour et tirez pour bien sécuriser. Vous pouvez coudre des brins de laine à large point pour les pattes – comme je l'ai fait pour les petites araignées, ou bien fixer des brins sous les corps pour les faire dépasser, avant de coudre ces derniers sur la housse, comme je l'ai fait pour l'araignée la plus grosse.

Rentrez tous les fils de l'ouvrage.

housse avec escargots pour pot de fleurs

Quoi de plus simple que d'habiller un pot de fleurs, pour en harmoniser la teinte avec votre décoration, au gré de vos envies ? Cette housse 100 % laine et ses petits escargots sont parfaits pour des plantes d'intérieur. Les possibilités de couleurs sont infinies, alors amusez-vous !

Laine et mercerie

Laine DK (100 % mérinos) 50 g/102 m
1 pelote col. bleu (A)

Chute de DK col. terracotta (B)

Chutes de DK en deux col. (C) et (D) pour chaque escargot

Garniture pour jouet 100 % polyester

Aiguilles

3,25 mm

Grosse aiguille à coudre

Crochet de 2,75 mm

Échantillon

28 m. et 32 rgs en jersey,
carré de 10 cm,
sur aiguille de 3,25 mm

Dimensions

La housse du modèle conviendra pour un pot de 11 cm de haut et 14 cm de diamètre, mais la housse est très élastique. Vous pouvez l'agrandir ou la diminuer selon la taille de vos pots. Les escargots mesurent 8 cm de long.

Abréviations

Voir p. 126.

Difficulté

★★☆

Réalisation

Pièce principale

Montez 75 m. en A.
Rg 1 : 3 end., [glis.1 à l'env., 3 end.] jsq à la fin.
Rg 2 : 3 end., [fil sur av., glis. 1 à l'env., fil sur ar., 3 end.] jsq à la fin.
Rg 3 : 1 end., [glis. 1 à l'env., 3 end.] jsq 2 der. m., glis. 1 à l'env., 1 end.
Rg 4 : 1 env., glis. 1 à l'env., [3 env., glis. 1 à l'env.] jsq der. m., 1 env.
Rép. rgs 1–4, 13 fs. Coupez A et cont. avec B.
Rg 57 : end. Rabattez.

Escargot

Le corps se travaille de la queue vers la tête.

Corps

Montez 4 m. en C.
Rg 1 : aug., end. jsq 2 der. m., aug., 1 end. *(6 m.)*
Rg 2 : env.
Rép. 2 der. rgs, 2 fs. *(10 m.)*
Com. par 1 rg de m. à l'end., trav. 16 rgs en jersey.
Rg 23 : 2 end., m1, 6 end., m1, 2 end. *(12 m.)*
Com. par 1 rg de m. à l'end., trav. 15 rgs en jersey.
Rg 29 : [GGT] 3 fs, [2 m. ens. à l'end.] 3 fs. *(6 m.)*
Coupez le fil, passez à travers les m. rest., serrez et arrêtez.

Yeux

Trav. 2 × 3 cm de point de chaînette (voir p. 121).
Serrez la première et la dernière m. très fermement.

Coquille

Montez 20 m. en D.
Rg 1 (sur l'env.) : end.
Com. par 1 rg de m. à l'end., trav. 4 rgs en jersey.
Rg 6 : 2 end., GGT, end. jsq 4 der. m., 2 m. ens. à l'end., 2 end. *(18 m.)*
Rg 7 : 2 m. ens. à l'env., env. jsq 2 der. m., 2 m. ens. à l'env. *(16 m.)*
Rg 8 : 2 end., GGT, end. jsq 4 der. m., 2 m. ens. à l'end., 2 end. *(14 m.)*
Com. par 1 rg de m. à l'env., trav. 21 rgs en jersey.
Rg 30 : 2 end., 2 m. ens. à l'end., end. jsq 4 der. m., GGT, 2 end. *(12 m.)*
Rg 31 : rab. à l'end.

Assemblage

Assemblez le dos de la housse au point plat (voir p. 125).

Assemblez l'escargot, le long du bord qui court sous son corps, au point de matelas (voir p. 124), en tassant la garniture au fur et à mesure. Passez les tiges – les yeux – à travers la tête et coupez les fils qui dépassent.

Cousez la partie coquille au point plat (voir p. 125) et tassez un peu de garniture. Enroulez le tout de manière serrée et cousez en forme de colimaçon. Terminez de tasser la garniture et assemblez l'avant et l'arrière de la coquille sur le corps.

Rentrez tous les fils. Vous pouvez coudre les escargots sur la housse ou les planter, à travers les mailles, sur une tige en bois en vous inspirant de la photo.

housse pingouin pour bouillotte

Lorsque le mercure chute et que les journées raccourcissent, ce petit pingouin chassera les frimas et vous tiendra bien chaud. J'ai choisi une laine légère et vaporeuse, très douce – demandez conseil à votre revendeur. L'assemblage nécessite un peu de couture, mais chaque pièce est assez simple à réaliser. Ce modèle est idéal pour les débutants qui commencent à être un peu aguerris.

Laine et mercerie

Laine qualité aran (70 % alpaga, 23 % nylon, 7 % laine) 50 g/130 m
- 1 pelote col. gris (A)
- 1 pelote col. noir (B)
- 1 pelote col. blanc (C)

Chute de laine chunky col. ocre (D) pour le bec

Garniture de jouet en polyester

3 boutons gris de 18 mm

Fil à coudre noir

Aiguilles

4,5 mm

Grosse aiguille à coudre

Grosse aiguille à broder

Aiguille à coudre standard

Échantillon

16 m. et 24 rgs en jersey, carré de 10 cm, sur aiguille de 4,5 mm

Dimensions

33 cm de long sans les oreilles. Convient pour une bouillotte standard de 32,5 cm de long (col de remplissage compris) et de 20 cm de large.

Abréviations

Voir p. 126

Difficulté

★★☆

Réalisation

Avant

Montez 36 m. en A.
Com. par 1 rg de m. à l'end., trav. 60 rgs en jersey.
Rg 61 : Rab. 7 m., end. jsq à la fin. *(29 m.)*
Rg 62 : Rab. 7 m. à l'env., env. jsq à la fin. *(22 m.)*
Com. par 1 rg de m. à l'end., trav. 14 rgs en jersey.
Rabattez.

Partie inférieure du dos

Montez 36 m. en A.
Com. par 1 rg de m. à l'end., trav. 53 rgs en jersey.
Rg 54 : end.
Rabattez.

Partie supérieure du dos

Montez 36 m. en A. Trav. 2 rgs end.
Rg 3 : 5 end., rab. 2 m., 9 end. *(10 m. dans ce groupe)*, rab. 2 m., 9 end. *(10 m. dans ce groupe)*, rab. 2 m., end. jsq à la fin. *(30 m.)*
Rg 4 : 5 end., tournez et montez 2 m., retournez, [10 end., tournez et montez 2 m., retournez] 2 fs., tournez et montez 2 m., end. jsq à la fin. *(36 m.)*
Trav. 2 rgs end.
Com. par 1 rg de m. à l'end., trav. 16 rgs en jersey.
Rg 23 : rab. 7 m., end. jsq à la fin. *(29 m.)*
Rg 24 : rab. 7 m. à l'env., env. jsq à la fin. *(22 m.)*
Coupez A et cont. avec B.
Com. par 1 rg de m. à l'end., trav. 14 rgs en jersey.
Rabattez.

Aile (en faire 2)

Montez 10 m. en A.
Com. par 1 rg de m. à l'end., trav. 14 rgs en jersey, en trav. 1 m. end. au début et à la fin de chaque rg côté envers.
Rg 15 : 1 end., GGT, end. jsq 3 der. m., 2 m. ens. à l'end., 1 end. *(8 m.)*
Rg 16 et chaque rg côté envers, sauf indication contraire : 1 end., env. jsq der. m., 1 end.
Rép. rgs 15–16, 1 fs. *(6 m.)*
Rg 19 : 1 end., GGT, 2 m. ens. à l'end., 1 end. *(4 m.)*
Rg 21 : GGT, 2 m. ens. à l'end. *(2 m.)*
Rg 22 : 2 m. ens. à l'env. *(1 m.)*
Coupez le fil et arrêtez.

Avant de la tête

Déroulez 1 m de B, montez 22 m. en B, du centre de la pelote.
Com. par 1 rg de m. à l'end., trav. 6 rgs en jersey.
Rg 7 : 5 end. en B, 3 end. en C, 6 end. en B du fil déroulé, 3 end. en C du centre de la pelote, 5 end. en B du centre de la pelote.
Rg 8 : 4 env. en B, 5 env. en C, 4 env. en B, 5 env. en C, 4 env. en B.
Rg 9 : 3 end. en B, 7 end. en C, 2 end. en B, 7 end. en C, 3 end. en B.
Rg 10 : 3 env. en B, 16 env. en C, 3 env. en B.
Rg 11 : 3 end. en B, 16 end. en C, 3 end. en B.
Rg 12 : 3 env. en B, 16 env. en C, 3 env. en B.
Rép. rgs 11–12, 1 fs.
Rg 15 : 2 end., GGT en B, 14 end. en C, 2 m. ens. à l'end., 2 end. en B. *(20 m.)*
Rg 16 : 3 env. en B, 14 env. en C, 3 env. en B.
Rg 17 : 3 end. en B, 14 end. en C, 3 end. en B.
Rg 18 : 3 env. en B, 14 env. en C, 3 env. en B.
Rg 19 : 2 end., GGT en B, 12 end. en C, 2 m. ens. à l'end., 2 end. en B. *(18 m.)*
Rg 20 : 3 env. en B, 12 env. en C, 3 env. en B.
Rg 21 : 2 end., GGT en B, 10 end. en C, 2 m. ens. à l'end., 2 end. en B. *(16 m.)*
Rg 22 : 2 m. ens. à l'env., 1 env. en B, 10 env. en C, 2 m. ens. à l'env., 1 env. en B. *(14 m.)*
Rg 23 : 1 end., GGT en B, GGT, 4 end., 2 m. ens. à l'end.

en C, 2 m. ens. à l'end., 1 end. en B. *(10 m.)*
Rg 24 : 2 m. ens. à l'env. en B, 6 env. en C, 2 m. ens. à l'env. en B. *(8 m.)*
Rab. en C.

Arrière de la tête

Montez 22 m. en B.
Com. par 1 rg de m. à l'end., trav. 14 rgs en jersey.
Rg 15 : 2 end., GGT, end. jsq 4 der. m., 2 m. ens. à l'end., 2 end. *(20 m.)*
Com. par 1 rg de m. à l'env., trav. 3 rgs en jersey.
Rg 19 : 2 end., GGT, end. jsq 4 der. m., 2 m. ens. à l'end., 2 end. *(18 m.)*
Rg 20 : env.
Rg 21 : 2 end., GGT, end. jsq 4 der. m., 2 m. ens. à l'end., 2 end. *(16 m.)*
Rg 22 : 2 m. ens. à l'env., env. jsq 2 der. m., 2 m. ens. à l'env. *(14 m.)*
Rg 23 : 1 end., [GGT] 2 fs., 4 end., [2 m. ens. à l'end.] 2 fs., 1 end. *(10 m.)*
Rg 24 : 2 m. ens. à l'env., env. jsq 2 der. m., 2 m. ens. à l'env. *(8 m.)*
Rabattez.

Bec

Montez 10 m. en D. Trav. 2 rgs end.
Rg 3 : GGT, end. jsq 2 der. m., 2 m. ens. à l'end. *(8 m.)*
Rg 4 : env.
Rép. rgs 3–4, 2 fs. *(4 m.)*
Rg 9 : GGT, 2 m. ens. à l'end. *(2 m.)*
Rg 10 : 2 m. ens. à l'env. *(1 m.)*
Coupez le fil et arrêtez.

Assemblage

Au point de matelas, assemblez la housse par les lisières des trois pièces principales (voir p. 124), en laissant dépasser la partie supérieure du dos sur la partie inférieure. Assemblez les ailes sur la housse avec un surjet (voir photo et p. 125). Brodez les yeux au point de chaînette (voir p. 123), en B. Placez les parties avant et arrière de la tête endroit contre endroit et assemblez avec un surjet. Retournez la tête sur l'endroit, garnissez-la, et fermez les ouvertures du haut au point de matelas. Assemblez la tête sur la housse – attachez la partie située sous le bec, à la housse. Cousez les boutons. Rentrez tous les fils.

Idéale pour habiller un tabouret, cette housse se tricote très rapidement, grâce à une simple combinaison de mailles à l'envers et de mailles à l'endroit, dans une laine très épaisse. Le résultat est une texture originale, facile à réaliser pour tous les débutants.

housse tortue pour tabouret

Laine et mercerie

Laine super bulky (super chunky) 170 g/97 m
- 1 pelote col. vert (A)
- 1 pelote col. beige (B)

Chutes de DK col. blanc et col. noir

2 boutons noirs de 8 mm

Garniture de jouet en polyester

Aiguilles

7 mm

Aiguille circulaire de 7 mm (80 cm)

Grosse aiguille à coudre

Grosse aiguille à broder

Échantillon

11 m. et 14 rgs en jersey, carré de 10 cm, sur aiguille de 7 mm

Dimensions

28 cm de diamètre – pour un tabouret rond.

Abréviations

Voir p. 126.

Difficulté

★★☆

Réalisation

Dessus (carapace)

Sur une aiguille 7 mm, montez 10 m. en A.
Rg 1 : aug., end. jsq 2 der. m., aug., 1 end. *(12 m.)*
Rg 2 : env.
Rg 3 : aug. à l'env., [1 end., 2 env.] jsq 2 der. m , 1 end., aug. à l'env. *(14 m.)*
Rg 4 : [2 end., 1 env.] jsq 2 der. m., 2 end.
Rg 5 : aug., end. jsq 2 der. m., aug., 1 end. *(16 m.)*
Rg 6 : env.
Rg 7 : aug., [2 env., 1 end.] jsq 3 der. m , 2 env., aug. *(18 m.)*
Rg 8 : 1 end., 1 env., [2 end., 1 env.] jsq der. m., 1 end.
Rg 9 : aug., end. jsq 2 der. m., aug., 1 end. *(20 m.)*
Rg 10 : env.
Rg 11 : aug. à l'env., 1 env., [1 end., 2 env.] jsq 3 der. m., 1 end., 1 env., aug. à l'env. *(22 m.)*
Rg 12 : [1 env., 2 end.] jsq der. m., 1 env.
Rg 13 : aug., end. jsq 2 der. m., aug., 1 end. *(24 m.)*
Rg 14 : env.
Rg 15 : aug. à l'env., [1 end., 2 env.] jsq 2 der. m., 1 end., aug. à l'env. *(26 m.)*
Rg 16 : [2 end., 1 env.] jsq 2 der. m., 2 end.
Rg 17 : end.
Rg 18 : env.
Rg 19 : [2 env., 1 end.] jsq 2 der. m., 2 env.
Rg 20 : [2 end., 1 env.] jsq 2 der. m., 2 end.
Rg 21 : end.
Rg 22 : env.
Rép. rgs 19–22, 3 fs.
Rg 35 : 2 m. ens. à l'env., [1 end., 2 env.] jsq 3 der. m., 1 end., 2 m. ens. à l'env. *(24 m.)*
Rg 36 : 1 end., [1 env., 2 end.] jsq 2 der. m., 1 env., 1 end.

Trav. 7 tours. Trav. les côtes, 1 end., 1 env. sur 3 tours. Rab., en conservant le motif 1 end., 1 env.

Tête (en faire 2)
Sur une aiguille 7 mm, montez 7 m. en B.
Com. par 1 rg de m. à l'end., trav. 4 rgs en jersey.
Rg 5 : 1 end., m1, 5 end., m1, 1 end. *(9 m.)*
Com. par 1 rg de m. à l'env., trav. 5 rgs en jersey.
Rg 11 : 1 end., 2 m. ens. à l'end., 3 end., GGT, 1 end. *(7 m.)*
Rg 12 : env.
Rg 13 : 1 end., 2 m. ens. à l'end., 1 end., GGT, 1 end. *(5 m.)*
Rg 14 : 2 m. ens. à l'env., 1 env., 2 m. ens. à l'env. *(3 m.)*
Rabattez.

Pattes (en faire 4)
Sur une aiguille 7 mm, montez 6 m. en B.
Com. par 1 rg de m. à l'end., trav. 6 rgs en jersey.
Rg 7 : 1 end., GGT, 2 m. ens. à l'end., 1 end. *(4 m.)*
Coupez le fil, passez à travers les m. rest.

Queue
Sur une aiguille 7 mm, montez 5 m. en B.
Com. par 1 rg de m. à l'end., trav. 4 rgs en jersey.
Rg 5 : GGT, 1 end., 2 m. ens. à l'end. *(3 m.)*
Rg 6 : 3 m. ens. à l'env. *(1 m.)*
Coupez le fil et arrêtez.

Rg 37 : 2 m. ens. à l'end., end. jsq 2 der. m., GGT. *(22 m.)*
Rg 38 : env.
Rg 39 : 2 m. ens. à l'env., 1 env., [1 end., 2 env.] jsq 4 der. m., 1 end., 1 env., 2 m. ens. à l'env. *(20 m.)*
Rg 40 : [2 end., 1 env.] jsq 2 der. m., 2 end.
Rg 41 : 2 m. ens. à l'end., end. jsq 2 der. m., GGT. *(18 m.)*
Rg 42 : env.
Rg 43 : 2 m. ens. à l'end., [2 env., 1 end.] jsq 4 der. m., 2 env., GGT. *(16 m.)*
Rg 44 : [1 env., 2 end.] jsq der. m., 1 env.
Rg 45 : 2 m. ens. à l'end., end. jsq 2 der. m., GGT. *(14 m.)*
Rg 46 : env.
Rg 47 : 2 m. ens. à l'env., [1 end., 2 env.] jsq 3 der. m., 1 end., 2 m. ens. à l'env. *(12 m.)*
Rg 48 : 1 end., [1 env., 2 end.] jsq 2 der. m., 1 env., 1 end.
Rg 49 : 2 m. ens. à l'end., end. jsq 2 der. m., GGT. *(10 m.)*
Rab. à l'env.

Bordure
Sur l'aiguille circulaire de 7 mm, endroit face à vous, relevez et tricotez 80 m. à l'end. tout autour du dessus.

Assemblage

Placez les deux parties de la tête endroit contre endroit, et assemblez-les avec un surjet (voir p. 125) le long des bords arrondis – laissez la partie du bord arrêté non cousue pour retourner la pièce sur l'endroit et la garnir.

Puis, cousez les boutons à la place des yeux, et avec une chute de DK blanc, brodez le pourtour des boutons au point de chaînette (voir p. 123).

Avec une chute de DK noir, brodez la bouche au point droit (voir p. 123).

Au point de matelas, assemblez les lisières des pattes et de la queue (voir p. 124). Garnissez les pattes, mais pas la queue, puis fixez-les sur la carapace. Cousez la tête, les pattes et la queue sur le pourtour de la carapace et rentrez les fils.

housse éléphant
pour bouillotte

Les éléphants font toujours l'unanimité – tout le monde les aime. Celui-ci vous tiendra bien chaud quand vous en aurez besoin, et ravira les tout-petits. Pour ce modèle, j'ai choisi une très belle laine grise qui tire sur le bleu, car je cherchais vraiment une couleur qui se rapproche le plus de celle d'un véritable éléphant. Laissez-vous guider par votre inspiration et choisissez une teinte – grise, bleu clair, ou même rose – qui vous plaira plus particulièrement.

Laine et mercerie

Laine bulky ou chunky (80 % mérinos, 20 % mohair) 100 g/115 m
1 pelote col. gris (A)

Chute de col. blanc (B)

2 boutons gris foncé de 11 mm

Fil de couture noir

1 bouton-pression

Aiguilles

5,5 mm

4,5 mm

Grosse aiguille à coudre

Aiguille à coudre standard

Échantillon

13 m. et 19 rgs en jersey,
carré de 10 cm,
sur aiguille de 5,5 mm, en A

Dimensions

25 cm de long. Convient pour une bouillotte standard de 24 cm de long (col de remplissage compris) et de 15 cm de large.

Abréviations

Voir p. 126.

Difficulté

★★☆

Réalisation

Arrière

Sur une aiguille 5,5 mm, montez 22 m. en A.
Com. par 1 rg de m. à l'end., trav. 42 rgs en jersey.
Rabattez.

Avant

Sur une aiguille 5,5 mm, montez 22 m. en A.
Com. par 1 rg de m. à l'end., trav. 40 rgs en jersey.
Trav. 2 rgs end.
Rabattez.

Tête (en faire 2)

Sur une aiguille 5,5 mm, montez 22 m. en A.
Com. par 1 rg de m. à l'end., trav. 20 rgs en jersey.
Rg 21 : 2 end., GGT, end. jsq 4 der. m., 2 m. ens. à l'end., 2 end. *(20 m.)*
Rg 22 : 2 m. ens. à l'env., env. jsq 2 der. m., 2 m. ens. à l'env. *(18 m.)*
Rg 23 : rab. 4 m., end. jsq à la fin. *(14 m.)*
Rg 24 : rab. 4 m. à l'env., env. jsq à la fin. *(10 m.)*
Rg 25 : GGT, end. jsq 2 der. m., 2 m. ens. à l'end. *(8 m.)*
Rg 26 : env.
Rép. rgs 25–26, 1 fs. *(6 m.)*
Com. par 1 rg de m. à l'end., trav. 10 rgs en jersey.
Rabattez.

Oreilles (en faire 2)

Sur une aiguille 5,5 mm, montez 20 m. en A.
Com. par 1 rg de m. à l'env., trav. 3 rgs en jersey.
Rg 4 : [2 m. ens. à l'end.] jsq à la fin. *(10 m.)*
Rg 5 : 2 m. ens. à l'env., env. jsq 2 der. m., 2 m. ens. à l'env. *(8 m.)*
Rg 6 : [GGT] 2 fs., [2 m. ens. à l'env.] 2 fs. *(4 m.)*
Rg 7 : [2 m. ens. à l'end.] 2 fs. *(2 m.)*
Rg 8 : 2 m. ens. à l'env. *(1 m.)*
Coupez le fil et arrêtez.

Défenses (en faire 2)

Sur une aiguille 4,5 mm, montez 4 m. en B.
Com. par 1 rg de m. à l'end., trav. 4 rgs en jersey.
Rg 5 : GGT, 2 m. ens. à l'end. *(2 m.)*
Rg 6 : 2 m. ens. à l'env. *(1 m.)*
Coupez le fil et arrêtez.

Assemblage

Assemblez l'avant et l'arrière de la housse par les côtés, au point de matelas (voir p. 124).

Procédez de la même façon pour la tête, mais inutile de coudre le petit bord de la trompe. Assemblez le dessus de la tête au bord supérieur du corps.

Cousez les yeux et les défenses en vous inspirant de la photo.

Assemblez les oreilles avec un surjet (voir p. 125), en vous inspirant de la photo. Cousez les deux parties du bouton-pression en vis-à-vis, sous la trompe, entre les défenses.

Rentrez tous les fils.

REG. NO. 4765
Ultimate

chapitre 3

dans votre sac

oursons
cache-bouteilles

Donnez un peu de pep à vos bouteilles en plastique, et ne risquez plus jamais de les confondre avec celles de vos voisins de bureau ! Armez-vous de DK (« double knit ») léger, accordez les couleurs selon vos envies, et laissez travailler votre imagination. En quelques tours d'aiguilles et en suivant les conseils distillés au fil des pages de cet ouvrage, vous parviendrez à créer vos propres modèles de chats, de singes, de chiens, de lapins…

Laine et mercerie

Pour les trois oursons

DK laine, soie et cachemire (75 % laine, 20 % soie, 5 % cachemire) 50 g/115 m

- 1 pelote col. bleu canard (A)
- 1 pelote col. jaune très pâle (B)
- Chutes de col. rose, pour l'ourson col. crème

- 1 pelote col. vert amande (C)
- 1 pelote col. noisette (D)
- Chutes de col. corail, pour l'ourson col. brun

DK (100 % laine) 50 g/105 m

- 1 pelote col. écarlate (E)
- 1 pelote col. jaune doré (F)
- Chute de col. mauve, pour l'ourson col. jaune

Chutes de fil de coton DK (4 plis) noir, léger

1 bouton noir de 11 mm pour chaque ourson

Aiguilles

3,25 mm

Crochet de 3,25 mm

Grosse aiguille à laine

Aiguille à broder

Échantillon

26 m. et 34 rgs en jersey, carré de 10 cm, sur aiguille de 3,25 mm

Dimensions

7 cm de large, 11 cm de haut, conviendra pour une bouteille en plastique de 25 cl.

Abréviations

Voir p. 126.

Difficulté

★★☆

Pour l'ourson crème

Corps et tête

Montez 36 m. en A.

Rg 1 : [2 end., MJ 2 fs, 2 m. ens. à l'env.] jsq à la fin.

Rép. rg 1, 19 fs.

Coupez A et cont. avec le fil rose.

Trav. 2 rgs end.

Coupez le fil rose et cont. avec B.

Com. par 1 rg de m. à l'end., trav. 11 rgs en jersey.

Trav. 2 rgs end.

Rab. à l'env.

Oreilles (en faire 2)

Montez 5 m. en B.

Rg 1 : end.

Rg 2 : dim. SS, 1 end., 2 m. ens. à l'end. *(3 m.)*

Rg 3 : end.

Rg 4 : dim. SD *(1 m.)*

Coupez le fil et arrêtez.

Nœud

Au crochet, trav. 12 cm de chaînette (voir p. 121) avec le fil rose.

Pour l'ourson brun

Trav. comme pour l'ourson crème, en remplaçant A par C, B par D, et en montant la chaînette en corail.

Pour l'ourson jaune clair

Trav. comme pour l'ourson crème, en remplaçant A par E, B par F, et en montant la chaînette en mauve.

Assemblage

Assemblez le dos au point plat (voir p. 125).

Assemblez les oreilles par un surjet (voir p. 125), en utilisant le fil qui dépasse.

Brodez les yeux en formant un tortillon de points de chaînette (voir p. 123). Avec une chute de fil noir, cousez les boutons pour le nez, et brodez une ligne de points verticaux en dessous (voir p. 123).

Rentrez le fil de finition de la chaînette à travers les mailles de cette dernière, jusqu'à la maille du milieu, et faites-le ressortir – formez une rosette et servez-vous du fil de montage pour coudre le nœud en place sur le col.

Rentrez tous les fils.

Avec seulement quelques mètres de fil de coton, vous pouvez confectionner tout un essaim d'étuis pour tubes de baume ou de rouge à lèvres. Unis ou rayés, faites votre choix… Les aiguilles employées pour ce modèle sont fines, les étuis peu volumineux, et leur réalisation rapide. Si vous le souhaitez, montez une chaînette au crochet pour en faire un cordon passé dans le capuchon, et gardez votre baume à lèvres autour de votre cou.

étui insecte
pour baume à lèvres

Laine et mercerie

Pour les modèles présentés, ainsi que pour quantité de combinaisons de couleurs !

Fil 4 plis 100 % coton 50 g/165 m
- 1 pelote col. vert (A)
- 1 pelote col. noir (B)
- 1 pelote col. orange (C)
- 1 pelote col. jaune vif (D)
- 1 pelote col. rouge (E)

2 boutons gris foncé de 9 mm pour chaque insecte

Aiguilles

2,25 mm

Grosse aiguille à laine

Grosse aiguille à coudre

Crochet de 2,25 mm

Échantillon

35 m. et 40 rgs en jersey, carré de 10 cm, sur aiguille de 2,25 mm

Dimensions

Les étuis conviendront pour des tubes de baume à lèvres, ou des tubes de rouges à lèvres de moins de 7 cm de long.

Abréviations

Voir p. 126.

Difficulté

★☆☆

Pour l'étui vert et noir

Corps

Montez 18 m. en A.
Com. par 1 rg de m. à l'end., trav. 6 rgs en jersey.
Laissez A sur le côté de l'ouvrage et cont. avec B.
Trav. 2 rgs end.
Laissez B sur le côté de l'ouvrage et reprenez A.
Com. par 1 rg de m. à l'end., trav. 4 rgs en jersey.
Rép. dern. 6 rgs, 3 fs.
Cont. pendant 2 rgs de plus, en jersey, en A.
Rabattez.

Tête

Montez 22 m. en A.
Com. par 1 rg de m. à l'end., trav. 8 rgs en jersey.
Rg 9 : [2 m. ens. à l'end.] jsq à la fin. *(11 m.)*
Rg 10 : 1 env., [2 m. ens. à l'env.] jsq à la fin. *(6 m.)*
Coupez le fil, passez à travers les m. rest., arrêtez en serrant bien.

Pour l'étui orange et jaune

Corps

Montez 18 m. en C.

Com. par 1 rg de m. à l'end., trav. 32 rgs en jersey.

Rabattez.

Tête

Montez 22 m. en B.

Coupez B et cont. avec D.

Com. par 1 rg de m. à l'end., trav. 8 rgs en jersey.

Rg 9 : [2 m. ens. à l'end.] jsq à la fin. *(11 m.)*

Rg 10 : 1 env., [2 m. ens. à l'env.] jsq à la fin. *(6 m.)*

Coupez le fil, passez à travers les m. rest., arrêtez en serrant bien.

Pour l'étui rouge, vert et noir

Corps

Montez 18 m. en B.

Com. par 1 rg de m. à l'end., trav.7 rgs en jersey.

Rg 8 : end.

Coupez B et cont. avec E.

Com. par 1 rg de m. à l'end., trav. 2 rgs en jersey.

Laissez E sur le côté de l'ouvrage et cont. avec A.

Com. par 1 rg de m. à l'end., trav. 2 rgs en jersey.

Conservez le motif de rayures et trav. ainsi 18 rgs en jersey. Terminez par 2 rgs en E.

Rabattez.

Tête

Montez 22 m. en E.

Com. par 1 rg de m. à l'end., trav. 8 rgs en jersey.

Rg 9 : [2 m. ens. à l'end.] jsq à la fin. *(11 m.)*

Rg 10 : 1 env., [2 m. ens. à l'env.] jsq à la fin. *(6 m.)*

Coupez le fil, passez à travers les m. rest., arrêtez en serrant bien.

Assemblage

Passez le fil à travers les mailles de lisière de la partie du corps, arrêtez en serrant bien. Assemblez le dos au point plat.

Cousez les boutons pour les yeux, en A ou D.

Avec le crochet, montez une chaînette de 4 cm (voir p. 121) en B, en serrant assez fort. Enfilez cette chaînette à travers les mailles de la tête capuchon afin de former les antennes.

Coupez les fils de la chaînette, rentrez tous les fils.

J'ai utilisé une laine duveteuse très douce, mais qui ne s'emmêle pas. Je me suis amusée à créer des races de type terrier, ou caniche, mais avec un peu d'imagination, je suis sûre que vous pourrez obtenir de magnifiques autres races de votre choix, et aussi de sublimes corniauds !

housses chien pour clubs de golf

Laine et mercerie

Laine de type Plume, bulky
(47 % polyamide, 42 % acrylique, 11 % laine) 50 g/60 m
- 1 pelote col. orge (A)
- 1 pelote col. gris foncé (B) pour le terrier
- 1 pelote col. gris clair (C) pour le caniche

Chutes de DK col. noir (D)

Chutes de DK col. divers pour les colliers (E)

Laine de type mérinos alpaga
(60 % mérinos, 40 % alpaga) 50 g/65 m
- 1 pelote col. écru (F) pour les doublures

2 boutons noirs de 15 mm pour les yeux du terrier

2 boutons gris foncé de 13 mm pour les yeux du caniche

Fil de couture noir

Garniture de jouet en polyester

Aiguilles

6 mm

Grosse aiguille à laine

Grosse aiguille à broder

Aiguille à coudre

2 marqueurs de mailles ou 2 petites épingles de nourrice

Échantillon

14 m. et 18 rgs en jersey, carré de 10 cm, sur aiguille de 6 mm, en A ou B

Dimensions

Conviendra pour tout club de golf.

Abréviations

Voir p. 126.

Difficulté

★★★

Terrier

Tête

Montez 24 m. en A.
Rg 1 : 10 end., aug., 2 end., aug., end. jsq à la fin *(26 m.)*
Rg 2 : env.
Rg 3 : 11 end., m1, 4 end., m1, end. jsq à la fin. *(28 m.)*
Com. par 1 rg de m. à l'env., trav. 11 rgs en jersey, insérez un marqueur de mailles aux deux extrémités du rg 9.
Rg 15 : 2 end., GGT, end. jsq aux 4 der. m., 2 m. ens. à l'end., 2 end. *(26 m.)*
Rg 16 : env.
Rg 17 : 2 end., GGT, 6 end., GGT, 2 end., 2 m. ens. à l'end., 6 end., 2 m. ens. à l'end., 2 end. *(22 m.)*
Rg 18 : env.
Rg 19 : 2 end., GGT, end. jsq aux 4 der. m., 2 m. ens. à l'end., 2 end. *(20 m.)*
Rg 20 : env.
Rép rgs 19–20, 1 fs *(18 m.)*
Rg 23 : 2 end., [GGT] 3 fs, 2 end., [2 m. ens. à l'end.] 3 fs, 2 end. *(12 m.)*
Rg 24 : env.
Coupez A et cont. avec D, en fil doublé.
Rg 25 : 2 end., [GGT] 2 fs, [2 m. ens. à l'end.] 2 fs, 2 end. *(8 m.)*
Rg 26 : [GGT] 2 fs, [2 m. ens. à l'end.] 2 fs. *(4 m.)*
Coupez le fil, passer à travers les m. rest., arrêtez en serrant bien.

Ultimate
Rogue

Museau
Montez 14 m. en A. Trav. 4 rgs. end. Rab. sans serrer.

Oreilles (en faire 2)
Montez 5 m. en B. Trav. 14 rgs. end.
Rg 15 : GGT, 1 end., 2 m. ens. à l'end. *(3 m.)*
Rg 16 : Dim. SD *(1 m.)*
Coupez le fil et arrêtez.

Cou
Montez 24 m. en A. Trav. 18 rgs. côtelés : 1 end., 1 env.
Coupez A et cont. avec E, en fil doublé. Trav. 4 rgs. end.
Rabattez.

Doublure
Montez 22 m. en F.
Com. par 1 rg de m. à l'end., trav. 12 rgs en jersey et insérez un marqueur de mailles au début et à la fin du dern. rg.
Rg 13 : 2 end., GGT, end. jsq aux 4 dern. m., 2 m. ens. à l'end., 2 end. *(20 m.)*
Rg 14 : env.
Rép. rgs 13–14, 3 fs. *(14 m.)*
Rg 21 : 2 end., [GGT] 2 fs, 2 end., [2 m. ens. à l'end.] 2 fs, 2 end. *(10 m.)*
Rg 22 : env.
Rg 23 : 1 end., [GGT] 2 fs, [2 m. ens. à l'end.] 2 fs, 1 end. *(6 m.)*
Rg 24 : [2 m. ens. à l'env.] 3 fs. *(3 m.)*
Coupez le fil, passez à travers les m. rest., arrêtez en serrant bien.

Caniche

Travaillez comme pour le terrier, en remplaçant A et D par C. Faire la même doublure que pour le terrier.

Oreilles (en faire 2)
Montez 5 m. en C. Trav. 8 rgs end.
Rg 9 : 1 end., m1, 3 end., m1, 1 end. *(7 m.)*
Trav. 11 rgs end.
Rg 21 : 1 end., GGT, 1 end., 2 m. ens. à l'end., 1 end. *(5 m.)*
Rg 22 : GGT, 1 end., 2 m. ens. à l'end. *(3 m.)*
Rg 23 : glis. 1, 2 m. ens. à l'end., par-dessus 1 m. *(1 m.)*
Coupez le fil et arrêtez.

Houppe
Montez 14 m. en C.

Trav. 8 rgs. end.
Rg 9 : [2 m. ens. à l'end.] jsq à la fin. *(7 m.)*
Coupez le fil, passez à travers les m. rest., arrêtez en serrant bien.

Assemblage

Repliez la partie de la tête en deux, et assemblez avec un surjet (voir p. 125), de l'extrémité du museau jusqu'aux marqueurs de mailles – ou les épingles de nourrice.

liez la partie du cou en deux, et cousez les lisières du dos au point plat (voir p. 125). Assemblez la partie supérieure du collier sur l'ouverture de la tête, afin que la couture soit sur l'arrière de celle-ci.

Assemblez les oreilles avec un surjet, ainsi que les boutons pour les yeux, avec du fil de couture noir.

Pour le terrier, assemblez les parties étroites du museau, avec un surjet le long de sa partie la plus longue. Gardez la lisière la plus courte sous le museau. Assemblez l'autre longue lisière un peu en arrière de la truffe et garnissez de polyester au fur et à mesure. Insérez la doublure afin qu'elle vienne tasser le rembourrage au fond du museau et maintenez-la en place avec quelques points de la couleur du museau, tout autour. Assemblez le bord de la doublure avec le bord du cou, avec un surjet.

Pour le caniche, pliez la houppette par la lisière qui va se positionner sur celle qui va former le dessus de la tête. Garnissez-la légèrement de rembourrage de polyester au fur et à mesure que vous assemblez au point de matelas. (voir p. 124). Fixez-la avec un surjet sur le dessus de la tête.

Rentrez tous les fils.

housse félin pour Smartphone

Ces charmantes housses pour Smartphones apporteront un peu de douceur à vos équipements high-tech ! Leur rabat est tout simple, il vous permet de vous saisir de votre appareil en un clin d'œil. Une fois rangé dans sa housse, votre téléphone ne craindra plus les rayures. Le motif de base est simplissime, vous devriez donc parvenir à varier les couleurs au gré de votre inspiration.

Laine

Laine de type aran (80 % acrylique, 20 % laine) 85 g/180 m

Pour le lion :

1 pelote col. moutarde (A)
1 pelote col. orange (B)

Pour le tigre :

1 pelote col. jaune doré (A)
1 pelote col. noir (B)

Chutes de DK col. blanc ou crème pour les deux housses

Chutes de DK ou de laine de type aran col. noir pour le lion

Aiguilles

4 mm

3,25 mm (pour le tigre)

3 mm (pour le lion)

Grosse aiguille à laine

Aiguille à broder

Échantillon

19 m. et 25 rgs en jersey, carré de 10 cm, sur aiguille de 4 mm, en A

Dimensions

Convient pour des téléphones de 14 × 7 cm. La housse mesure 15 × 8 cm, sans l'étirer. Pour des téléphones de dimensions différentes, ajustez le nombre de mailles.

Abréviations

Voir p. 126.

Difficulté

*

Pour la housse lion

Arrière

Sur une aiguille 4 mm, montez 18 m. en A.
Rg 1 : [1 end., 1 env.] jsq à la fin.
Rép. rg 1, 3 fs.
Com. par 1 rg de m. à l'end., trav. 32 rgs en jersey.
Rabattez.

Avant

Sur une aiguille 4 mm, montez 18 m. en A.
Rg 1 : end.
Rg 2 : 2 end., env. jsq 2 dern. m., 2 end.
Rép. rgs 1–2, 4 fs.

Com. par 1 rg de m. à l'end., trav. 36 rgs en jersey.
Rabattez.

Crinière

Sur une aiguille 3 mm, montez 38 m. en B.
Rab. 2 m., *glis. m. rest. de l'aig. de droite vers l'aig. de gauche et montez 2 m. de plus.
Rab. 4 m.*
Rép. de * à * jsq à la dern. m.
1 end., 1 m. afin de n'en garder que 1 sur l'aig.
Arrêtez.

Assemblage

Au point de matelas, assemblez la housse par les lisières des côtés et du bas (voir p. 124), sans assembler 10 rangs de rabat, là où vous avez tricoté la bordure au point mousse. Le rabat pourra ainsi se plaquer pour fermer la housse.

Cousez la crinière au point glissé, ou point coulé.

Brodez les yeux avec deux nœuds français, à l'aide de DK noir (voir p. 124). Brodez un cercle autour des yeux avec du DK blanc ou crème, au point de chaînette.

Brodez un petit carré de DK noir au point de chaînette pour le museau, ainsi que deux traits noirs pour la gueule, en vous inspirant de la photo.

Rentrez tous les fils.

Pour la housse tigre

En tricotant les rayures, inutile de couper le fil à la fin de chaque rangée, placez-le sur le côté de votre ouvrage, pour le joindre au début du rang d'une rayure suivante.

Arrière

Sur une aiguille 4 mm, montez 18 m. en A.
Rg 1 : [1 end., 1 env.] jsq à la fin.
Rép. rg 1, 3 fs.
Rgs 5–8 : com. par 1 rg de m. à l'end., trav. 4 rgs en jersey. Laissez A de côté et cont. avec B.
Rgs 9–10 : com. par 1 rg de m. à l'end., trav. 2 rgs en jersey. Laissez B de côté et reprenez A.
Rgs 11–14 : com. par 1 rg de m. à l'end., trav. 4 rgs en jersey. Laissez A de côté et reprenez B.
Rgs 15–16 : com. par 1 rg de m. à l'end., trav. 2 rgs en jersey.
Rép. rgs 11–16 *(dern. 6 rgs)*, 2 fs.
Coupez B, cont. avec A.
Com. par 1 rg de m. à l'end., trav. 8 rgs en jersey.
Rabattez.

Avant

Sur une aiguille 4 mm, montez 18 m. en A.
Rg 1 : end.
Rg 2 : 2 end., env. jsq 2 dern. m., 2 end.
Rép. rgs 1–2, 4 fs.
Rgs 15–24 : com. par 1 rg de m. à l'end., trav. 14 rgs en jersey. Laissez A de côté et cont. avec B.
Rgs 25–26 : com. par 1 rg de m. à l'end., trav. 2 rgs en jersey. Laissez B de côté et reprenez A.
Rgs 27–30 : com. par 1 rg de m. à l'end., trav. 4 rgs en jersey. Laissez A de côté et reprenez B.
Rgs 31–32 : com. par 1 rg de m. à l'end., trav. 2 rgs en jersey.
Rép. rgs 27–32 *(6 dern. rgs)*, 1 fs.
Coupez B, cont. en A.
Com. par 1 rg de m. à l'end., trav. 8 rgs en jersey.
Rabattez.

Oreilles (en faire 2)

Sur une aiguille 3,25 mm, montez 5 m. en A.
Trav. 3 rgs end.
Rg 4 : GGT, 1 end., 2 m. ens. à l'end. *(3 m.)*
Rg 5 : 3 m. ens. à l'end. *(1 m.)*
Arrêtez.

Assemblage

Au point de matelas, assemblez la housse par les lisières des côtés et du bas (voir p. 124), sans assembler 10 rangs de rabat, là où vous avez tricoté la bordure au point mousse. Le rabat pourra ainsi se plaquer pour fermer la housse.

Fixez les oreilles au surjet. Brodez les yeux avec deux nœuds français, à l'aide de DK noir (voir p. 124). Brodez un cercle autour des yeux avec du DK blanc ou crème, au point de chaînette. Brodez un petit carré de DK noir au point de chaînette pour le museau, ainsi que deux traits noirs pour la gueule, en vous inspirant de la photo. Rentrez tous les fils.

Afin de ne plus jamais égarer ou confondre vos clés, petites ou grandes, rangez-les dans de petites trousses comme celle-ci. Ce modèle peut être attaché à un anneau porte-clés et sera parfait pour une clé de 7 cm de long.

trousse requin
pour clés

Laine

Laine mérinos DK (55 % laine, 33 % acrylique, 12 % cachemire) 50 g/125 m
1 pelote col. bleu gris

Chutes de DK col. noir et col. gris clair

Aiguilles

3 mm

Grosse aiguille à laine

Grosse aiguille à broder

Marqueurs de mailles

Échantillon

27 m. et 36 rgs en jersey, carré de 10 cm, sur aiguille de 3 mm

Dimensions

La housse mesure 10 cm de long et convient pour tout type de clé standard jusqu'à 7 cm de long. Ne convient pas pour les clés de voiture, qui sont généralement plus larges.

Abréviations

Voir p. 126.

Difficulté

★★★

Réalisation

Corps

Montez 8 m.
Rg 1 : [aug.] jsq à la fin. *(16 m.)*
Com. par 1 rg de m. à l'env., trav. 3 rgs en jersey.
Rg 5 : [2 end., m1] 3 fs, 1 end., m1, 2 end., m1, 1 end., [m1, 2 end.] 3 fs. *(24 m.)*
Com. par 1 rg de m. à l'env., trav. 9 rgs en jersey.
Marquez les m. 6, 12, 13, et 19 du 6e de ces 9 rgs (soit le rg 11) avec des marqueurs de maille ou un fil de couleur contrastante, sur l'endroit de l'ouvrage.
Rg 15 : 1 end., 2 m. ens. à l'end., 6 end., GGT, 2 end., 2 m. ens. à l'end., 6 end., GGT, 1 end. *(20 m.)*
Com. par 1 rg de m. à l'env., trav. 5 rgs en jersey.
Rg 21 : 1 end., 2 m. ens. à l'end., 4 end., GGT, 2 end., 2 m. ens. à l'end., 4 end., GGT, 1 end. *(16 m.)*
Com. par 1 rg de m. à l'env., trav. 5 rgs en jersey.
Rg 27 : 1 end., 2 m. ens. à l'end., 2 end., GGT, 2 end., 2 m. ens. à l'end., 2 end., GGT, 1 end. *(12 m.)*
Rg 28 : env.
Rg 31 : 9 end., tournez.
Rg 32 : 6 env., tournez et trav. ces 6 m. seulement, en laissant les m. rest. sur l'aig.
* Com. par 1 rg de m. à l'end., trav. 4 rgs en jersey.
Rg suiv. : GGT, 2 end., 2 m. ens. à l'end. *(4 m.)*
Rg suiv. : [2 m. ens. à l'env.] 2 fs. *(2 m.)*
Rg suiv. : GGT. *(1 m.)*
Arrêtez.*
Réorganisez les m. soigneusement sur l'aig., afin de pouvoir pointer les aig. dans deux directions opposées, vers l'ext. de l'ouvrage. Puis, face à l'env. de l'ouvrage, ramener les aiguilles vers l'int. et glis. les m. de l'aig. de droite sur l'aig. de gauche.
Rejoignez le fil sur l'end. de l'ouvrage et rép. de * à *.

Nageoire dorsale

End. face à vous, passez une aig. à tricoter à travers les m. de votre ouvrage, entre les deux m. centrales marquées., sur le rg 11, et tout le long vers la queue. Vous avez 8 fils sur votre aig., ils vous serviront de m.
Rg 1 : end.
Rg 2 : GGT, end. jsq aux 2 dern. m., 2 m. ens. à l'end. *(6 m.)*
Rép. rg 2, 1 fs. *(4 m.)*
Rg 4 : GGT, 2 m. ens. à l'end. *(2 m.)*
Rg 5 : 2 m. ens. à l'end. *(1 m.)*
Arrêtez.

Nageoire pectorale

Comme vous avez relevé les mailles pour la dorsale, passez votre aig. à travers les m. courantes, à travers les marqueurs restants, pour la faire ressortir plus loin, vers la queue, de manière à avoir 4 fils qui vous serviront de m.
Trav. 4 rgs. end.
Rg 5 : GGT, 2 m. ens. à l'end. *(2 m.)*
Rg 6 : 2 m. ens. à l'end. *(1 m.)*
Arrêtez.
Trav. la 2e nageoire de manière identique.

Assemblage

Assemblez le corps par les lisières arrières au point de matelas (voir p. 124), en prenant soin de garder une petite ouverture à la tête, pour passer un cordon.

Cousez sur 0,5-1 cm le long des deux côtés de la queue pour les mettre en forme, en veillant à laisser un passage suffisamment grand pour y glisser une clé.

Brodez deux nœuds français pour les yeux (voir p. 124) et tout autour, brodez une rangée de points de chaînette (voir p. 123) avec le fil de la couleur principale.

Avec un fil gris clair de moindre épaisseur, brodez trois traits verticaux sur les côtés, qui formeront les branchies (voir p. 123).

Brodez deux traits droits pour la gueule, en vous inspirant de la photo.

flamant rose
cache-bouteille

Avec un peu d'humour, de la laine et des aiguilles, voici un flamant rose qui trônera avec majesté parmi vos bouteilles, lors d'un pique-nique champêtre. Le motif de point en dentelle est simple à réaliser, et il vous sera facile de vous confectionner une volière.

Laine et mercerie

DK mérinos extrafin (100 % laine)
50 g/120 m
1 pelote col. corail (A)

Chutes de DK col. blanc (B) et col. noir (C)

Garniture de jouet en polyester

Aiguilles

3,75 mm

Grosse aiguille à laine

Aiguille à broder

Échantillon

26 m. et 32 rgs en jersey,
carré de 10 cm,
sur aiguille de 3,75 mm

Dimensions

Pour une bouteille de vin standard de 75 cl. La housse mesure 29 cm de long.

Abréviations

Voir p. 126.

Difficulté

★★★

Réalisation

Corps

Montez 52 m. en A.
Rg 1 : 1 end., [2 m. ens. à l'end., MJ, 1 end., MJ, dim SS] jsq dern. m., 1 end.
Rg 2 : env.
Rép. rgs 1–2, 29 fs.
Rg 61 : end.
Rg 62 : env.
Rg 63 : [2 m. ens. à l'end.] jsq à la fin. *(26 m.)*
Com. par 1 rg de m. à l'env., trav. 5 rgs en jersey.
Rg 69 : 2 end., [2 m. ens. à l'end., 3 end.] 4 fs, 2 m. ens. à l'end., 2 end. *(21 m.)*
Com. par 1 rg de m. à l'env., trav. 24 rgs en jersey.
Rg 94 : end.
Rabattez.

Ailes (en faire 2)

Montez 12 m. en A.
Rg 1 : 1 end., [2 m. ens. à l'end., MJ, 1 end., MJ, dim SS] jsq dern. m., 1 end.
Rg 2 : env.
Rép. rgs 1–2, 7 fs.
Rg 17 : [2 m. ens. à l'end.] 3 fs, [dim SS] 3 fs. *(6 m.)*
Rg 18 : env.
Rg 19 : 2 m. ens. à l'end., 2 end., dim SS. *(4 m.)*
Rg 20 : [2 m. ens. à l'env.] 2 fs. *(2 m.)*
Rg 21 : 2 m. ens. à l'end.
Coupez le fil et arrêtez.

Bec

Montez 12 m. en B.
Com. par 1 rg de m. à l'end., trav. 2 rgs en jersey.
Coupez B et cont. avec C.
Rg 3 : 1 end., 2 m. ens. à l'end., end. jsq 3 dern. m., dim SS, 1 end. *(10 m.)*
Rg 4 : env.
Rép. rgs 3–4, 2 fs. *(6 m.)*
Rg 9 : 1 end., 2 m. ens. à l'end., dim SS, 1 end. *(4 m.)*
Rg 10 : [2 m. ens. à l'env.] 2 fs. *(2 m.)*
Rg 11 : 2 m. ens. à l'end. *(1 m.)*
Arrêtez.

Assemblage

Assemblez le dos au point plat (voir p. 125).

Assemblez les ailes avec un surjet (voir p. 125) le long des côtés de la housse, sur le bord de lisière – ce sera plus facile si la housse est sur la bouteille.

Assemblez le bec par la lisière en garnissant de polyester. Fixez le bec avec un surjet afin que la lisière d'assemblage soit en dessous.

Brodez deux nœuds français en C (voir p. 124) pour les yeux. Dédoublez une longueur de B en deux brins de 30 cm et brodez une ligne au point de chaînette autour des yeux (voir p. 123).

Rentrez tous les fils.

pieuvre protège-pomme

Voici de quoi apporter un peu d'originalité à un pique-nique ou un déjeuner au bureau. Cette jolie pieuvre est tricotée en une laine soyeuse et robuste. J'aime le rose et j'aime ce qui sort de l'ordinaire. Alors une pieuvre d'un rose bien vif ne pouvait que me plaire. Choisissez une laine dans un coloris bleu ou vert si vous le souhaitez, l'important, c'est de vous faire plaisir.

Laine et mercerie

Laine extra douce de type aran (65 % acrylique, 35 % laine) 100 g/150 m
1 pelote col. rose vif

Chutes de DK col. noir

1 bouton rose (ou d'un coloris assorti)

Aiguilles

4 mm

5 mm

Crochet de 3,25 mm

Marqueurs de mailles (facultatif)

Grosse aiguille à laine

Aiguille à broder

Échantillon

19 m. et 25 rgs en jersey, carré de 10 cm, sur aiguille de 4 mm

Dimensions

Conviendra pour tout type de pomme. La housse mesure 9 cm du haut jusqu'en bas et chaque tentacule mesure environ 9 cm, étendue.

Abréviations

Voir page 126.

Difficulté

★☆☆

Réalisation

Corps

Sur une aiguille 4 mm, montez 9 m.

Rg 1 : [aug.] jsq à la fin. *(18 m.)*

Rg 2 : env.

Rép. rgs 1–2, 1 fs. *(36 m.)*

Com. par 1 rg de m. à l'end., trav. 4 rgs en jersey.

Rg 9 : 4 end., [m1, 7 end.] 4 fs, m1, 4 end. *(41 m.)*

Com. par 1 rg de m. à l'env., trav. 3 rgs en jersey.

Insérez un marqueur de mailles ou un fil de couleur contrastant au début et à la fin du dern. rg.

Com. par 1 rg de m. à l'end., trav. 6 rgs de plus en jersey.

Rg 19 : 3 end., [glis. 2, 1 end., par-dessus 2 m., 5 end.] 4 fs, glis. 2, 1 end., par-dessus 2 m., 3 end. *(31 m.)*

Rg 20 : env.

Rg 21 : 2 end., [glis. 2, 1 end., par-dessus 2 m., 3 end.] 4 fs, glis. 2, 1 end., par-dessus 2 m., 2 end. *(21 m.)*

Rg 22 : env.

Rg 23 : 1 end., [glis. 2, 1 end., par-dessus 2 m., 1 end.] 4 fs, glis. 2, 1 end., par-dessus 2 m., 1 end. *(11 m.)*

Rg 24 : env.

Rabattez.

Tentacules

Sur une aiguille 5 mm, en fil doublé, montez 16 m.

Rab. 15 m.

*Glis. la m. rest. de l'aig. de droite à l'aig. de gauche.

Montez 15 m.

Rab. 15 m.*

Rép. de * jsq * 6 fs pour faire 8 tentacules.

Arrêtez.

Assemblage

Assemblez la housse par les lisières arrière, jusqu'aux mailles marquées.

Endroit face à vous, relevez et tricotez 12 m. à l'end., du coin supérieur jusqu'à la base de l'ouverture. Puis relevez 12 m. de plus et tricotez-les à l'end., de cet endroit jusqu'au deuxième coin supérieur. Rabattez, en laissant une longueur raisonnable de fil, qui servira à crocheter la boucle de la boutonnière.

Brodez deux nœuds français en C (voir p. 124) pour les yeux, en DK noir. Dédoublez une longueur de fil principal en deux brins de 45 cm et brodez un tortillon au point de chaînette autour des yeux (voir p. 123). (Je n'ai pas brodé les yeux au centre, mais plutôt à l'extrémité des côtes que donnent les doubles diminutions, mais vous pouvez les broder où vous le souhaitez).

Crochetez une chaînette de 2 cm avec le fil de l'ouvrage pour former la boutonnière (voir p. 121) et terminez par arrêter la chaînette en la fixant dans une maille de l'ouvrage.

Cousez le bouton en place, disposez la pièce des tentacules sous la base de la housse et fixez-la tout autour avec un point glissé ou un point coulé.

Rentrez tous les fils.

housse baleine pour Smartphone

J'aime cette housse baleine pour sa douceur, son joli bleu gris discret et élégant, et pour son sourire sympathique. Si vous l'offrez en cadeau, elle ravira les accros aux cétacés !

Laine et mercerie

Laine extra douce de type aran (80 % acrylique, 20 % laine) 85 g/180 m
1 pelote col. gris bleuté

Chutes de DK col. gris foncé

1 bouton de bottine noir de 8 mm

Garniture de jouet en polyester

Aiguilles

3,25 mm

Grosse aiguille à laine

Aiguille à broder

Échantillon

24 m. et 32 rgs en jersey,
carré de 10 cm,
sur aiguille de 3,25 mm

Dimensions

Convient pour des téléphones de 14 × 6,5 cm. La housse mesure 20,5 × 8 cm, sans l'étirer, queue comprise. Pour des téléphones de dimensions différentes, ajustez le nombre de mailles du modèle.

Abréviations

Voir page 126.

Difficulté

★★☆

Réalisation

Avant

Montez 22 m.

Com. par 1 rg de m. à l'end., trav. 45 rgs en jersey.

Rg 46 : rab. 14 m. à l'env., env. jsq à la fin. *(8 m.)*

Com. par 1 rg de m. à l'end., trav. 4 rgs en jersey.

Rg 51 : 7 end., WT.

Rg 52 et tous les rgs sur l'env. de l'ouvrage : env.

Rg 53 : 6 end., WT.

Rg 55 : 5 end., WT.

Rg 57 : 4 end., WT.

Rg 59 : 3 end., WT.

Rg 61 : 2 end., WT.

Rg 63 : 1 end., WT.

Rg 64 : env.

Com. par 1 rg de m. à l'end., trav. 4 rgs en jersey.

Forme de la queue, pour l'avant.

Rg 69 : 1 end., GGT, 2 end., 2 m. ens. à l'end., 1 end. *(6 m.)*

Rg 70 : env.

Rg 71 : 1 end., m1, end. jsq dern. m., m1, 1 end. *(8 m.)*

Rg 72 : env.

Rép. rgs 71–72, 2 fs. *(12 m.)*

Rg 77 : 1 end., m1, 5 end., tournez et cont. sur 7 m. seulement, gardez les m. rest. sur l'aig.

*Com. par 1 rg de m. à l'env., trav. 3 rgs en jersey.

Rg suiv. : GGT, 3 end., 2 m. ens. à l'end. *(5 m.)*

Rg suiv. : 2 m. ens. à l'env., 1 env., 2 m. ens. à l'env. *(3 m.)*

Rg suiv. : glis. 1, 2 m. ens. à l'end., par-dessus 1 m. *(1 m.)**

Arrêtez.

Joignez le fil aux m. rest. sur l'end. de l'ouvrage.

Rg suiv. : 5 end., m1, 1 end. *(7 m.)*

Trav. de * à * 1 fs.

Bout de la queue

Montez 22 m.

Rg 1 : [1 end., 1 env.] jsq à la fin.

Rép. rg 1, 3 fs.

Com. par 1 rg de m. à l'end., trav. 30 rgs en jersey.

Rg 35 : rab. 14 m., end. jsq à la fin. *(8 m.)*

Com. par 1 rg de m. à l'env., trav. 4 rgs en jersey.

Rg 40 : 7 env., WT.

Rg 41 et tous les rgs sur l'end. de l'ouvrage : end.

Rg 42 : 6 env., WT.

Rg 44 : 5 env., WT.

Rg 46 : 4 env., WT.

Rg 48 : 3 env., WT.

Rg 50 : 2 env., WT.

Rg 52 : 1 env., WT.

Rg 53 : end.

Com. par 1 rg de m. à l'env., trav. 3 rgs en jersey.

Formez la nageoire comme pour l'avant.

Fin de la tête, rabat arrière

Montez 22 m.

Rg 1 : [1 end., 1 env.] jsq à la fin.

Rép. rg 1, 3 fs.

Com. par 1 rg de m. à l'end., trav. 10 rgs en jersey.

Rabattez.

Assemblage

Placez les parties de l'avant et le bout de la queue end. contre end. et assemblez-les avec un surjet autour de la queue (voir p. 125).

Tournez l'ouvrage sur l'end. et assemblez le reste des lisières au point de matelas (voir p. 124).

Placez la partie du rabat de la tête de la partie arrière en la faisant dépasser de la partie avant et continuez d'assembler au point de matelas.

Garnissez légèrement la queue.

Fixez l'œil avec un point. Brodez la bouche au point de chaînette (voir p. 123), sur l'avant de la housse, en vous servant de la photo comme guide.

Rentrez tous les fils.

grenouille
étui à mouchoirs

Cette grenouille rigolote saura camoufler votre paquet de mouchoirs – hors de son emballage plastique –, et sa grande bouche sert de distributeur. Rapides et sympa à réaliser, ces housses trouveront leur place au pied du sapin, pour un petit cadeau utile et original. Certes, pour une grenouille, le vert est la couleur qui vient à l'esprit, mais lancez-vous dans la réalisation de grenouilles aussi exotiques que vos chutes de pelotes vous le permettront.

Laine et mercerie

Laine DK (100 % laine) 50 g/125 m
1 pelote col. vert (A)

Chutes de DK léger en col. rose, col. blanc ou crème, et col. noir

Garniture de jouet en polyester

Aiguilles

5 mm

3,25 mm

Grosse aiguille à laine

Aiguille à broder

Échantillon

15 m. et 24 rgs en jersey,
carré de 10 cm,
sur aiguille de 5 mm, en fil doublé

Dimensions

12 × 7 cm, conviendra pour un paquet de mouchoirs en papier ordinaire.

Abréviations

Voir page 126.

Difficulté

★☆☆

Réalisation

Partie principale

Sur une aiguille 5 mm, montez 20 m. en fil rose doublé.
Coupez et cont. avec A, doublé.
Com. par 1 rg de m. à l'end., trav. 32 rgs en jersey.
Coupez A et rejoignez le fil rose, doublé.
Rabattez.

Orbites (en faire 2)

Sur une aiguille 3,25 mm, montez 3 m. en A, fil non doublé.
Rg 1 : [aug.] 3 fs. *(6 m.)*
Rg 2 : env.
Rg 3 : 1 end., [m1, 1 end.] jsq à la fin. *(11 m.)*
Rg 4 : end.
Rabattez.

Yeux (en faire 2)
Sur une aiguille 3,25 mm, montez 4 m. en DK col. blanc ou crème
Rg 1 : [aug.] 4 fs. *(8 m.)*
Rg 2 : env.
Rg 3 : 1 end., [aug.] 6 fs, 1 end. *(14 m.)*
Rg 4 : env.
Rg 5 : [2 m. ens. à l'end.] jsq à la fin. *(7 m.)*
Rg 6 : env.
Rg 7 : 2 m. ens. à l'end., glis. 2, 1 end., par-dessus 2 m., 2 m. ens. à l'end. *(3 m.)*
Coupez le fil, passez à travers les m. rest. et arrêtez en serrant bien.

Assemblage

Endroit vers l'extérieur, pliez les deux bords les plus courts l'un sur l'autre pour former la bouche et assemblez avec un surjet. (voir p. 125). Cousez les commissures sur 3 cm de chaque côté.

Tournez l'ouvrage afin que l'endroit se trouve sur l'intérieur et la bouche au centre d'une ligne horizontale. Assemblez les bords courts avec un surjet et remettez l'ouvrage sur l'endroit.

Fixez les orbites afin que les lisières rabattues forment la bordure extérieure de l'orbite. Assemblez les lisières de côté des yeux au point plat (voir p. 125), en garnissant au fur et à mesure. Placez les yeux dans les orbites et cousez-les en partant de l'endroit où l'orbite est attachée à la housse, et tout autour de la bordure extérieure. Brodez un cercle au point de chaînette pour le centre des yeux (voir p. 123).

Rentrez tous les fils.

housse serpent pour flûte à bec

Cette housse gardera votre flûte à bec neuve comme au premier jour. J'ai tricoté celle-ci dans des nuances de rouge et de jaune, pour lui donner l'allure d'un serpent corail, mais tentez toutes les combinaisons , ou même, une belle couleur unie…

Laine et mercerie

Laine chunky ou bulky (50 % laine, 50 % acrylique) 100 g/140 m
- 1 pelote col. anthracite (A)
- 1 pelote col. jaune (B)
- 1 pelote col. rouge piment (C)

Garniture de jouet en polyester

Aiguilles

5 mm

Grosse aiguille à laine

Grosse aiguille à broder

Crochet de 3,75 mm

Échantillon

14 m. et 19 rgs en jersey, carré de 10 cm, sur aiguille de 5 mm

Dimensions

La house pourra contenir une flûte à bec de taille standard de 32, 5 cm de long. La housse mesure 38 cm de long, sans la langue.

Abréviations

Voir page 126.

Difficulté

★☆☆

Réalisation

Corps

Montez 7 m. en A.

Rg 1 : [aug.] jsq à la fin. *(14 m.)*

Com. par 1 rg de m. à l'env., trav. 11 rgs en jersey.

*Laissez A de côté et cont. avec B.

Com. par 1 rg de m. à l'end., trav. 2 rgs en jersey.

Laissez B de côté et cont. avec C.

Com. par 1 rg de m. à l'end., trav. 6 rgs en jersey.

Laissez C de côté et cont. avec B.

Com. par 1 rg de m. à l'end., trav. 2 rgs en jersey.

Laissez B de côté et cont. avec A.

Com. par 1 rg de m. à l'end., trav. 6 rgs en jersey.*

Rép. de * à * 2 fs.

Rg 61 : [1 end., 1 env.] jsq à la fin.

Rép. rg 61, 3 fs.

Rab. en conservant le motif de 1 end., 1 env.

Tête capuchon (partie extérieure)

Montez 14 m. en A.

Rg 1 : [1 end., 1 env.] jsq à la fin.

Rép. rg 1, 1 fs.

Rg 3 : 2 end., [m1, 2 end.] jsq à la fin. *(20 m.)*

Com. par 1 rg de m. à l'env., trav. 9 rgs en jersey.

***Rg 13 :** 2 end., [2 m. ens. à l'end.] 4 fs, [GGT] 4 fs, 2 end. *(12 m.)*

Rg 14 : env.

Rg 15 : [2 m. ens. à l'end.] 3 fs, [GGT] 3 fs. *(6 m.)*

Coupez le fil, passez à travers les m. rest. et arrêtez en serrant bien.

Doublure de la tête

Montez 20 m. en A.

Com. par 1 rg de m. à l'end., trav. 6 rgs en jersey.

Procédez comme pour la partie extérieure depuis * jsq à la fin.

Lorsque vous tricotez les rayures, inutile de couper le fil à la fin de chacune d'elles : placez votre brin de laine sur le côté de l'ouvrage et reprenez au début d'un nouveau rang.

Langue

Séparez 3 brins du fil principal sur une longueur de 30 cm et utilisez cette longueur pour monter une chaînette de 9 cm au crochet (voir p.121).

Assemblage

Au point de matelas, assemblez la housse par les lisières (voir p. 124) en A.

Au point de matelas, assemblez les deux pièces formant la tête, en la garnissant très légèrement de polyester – il s'agit plus d'une « doublure » que d'un rembourrage. Insérer la partie doublure de la tête sur la partie tête, envers contre envers. Assemblez au point glissé, ou au point coulé, de l'intérieur, le long du bord texturé de la partie extérieure de la tête.

Séparez deux longueurs de A sur 30 cm, l'une avec 3 brins, l'autre avec 2 brins : ne conservez que la longueur de 3 brins, pour broder deux nœuds français pour les yeux (voir p. 124). Prélevez encore 3 brins d'une longueur de 30 cm, et brodez un tortillon au point de chaînette autour des yeux (voir p. 123) en vous inspirant de la photographie.

Pliez la langue au point de chaînette en deux, et remontez le premier centimètre de bout de chaînette pliée. Cousez la langue.

Vous pouvez fixer la tête à l'entrée de la housse, pour ne pas la perdre. Rentrez tous les fils.

chapitre 4

sur votre bureau

housse raton laveur pour tablette

Dans votre sac ou sur votre bureau, votre tablette sera toujours protégée des chocs et des rayures, bien emmitouflée dans sa housse raton laveur. J'ai choisi une laine robuste et lavable en machine pour que son entretien soit le plus simple possible. Ainsi, vous pourrez transporter votre tablette partout, facilement et sans contrainte.

Laine et mercerie

Laine chunky mérinos (70 % acrylique, 20 % polyamide, 10 % mérinos)
100 g/150 m
1 pelote col. gris foncé (A)
1 pelote et col. galet (B)

Laine DK léger (40 % nylon, 30 % laine 30 % acrylique) 50 g/155 m
1 pelote col. noir (C)

1 bouton noir de 22 mm

1 bouton-pression de 11 mm

Aiguilles

5,5 mm

Grosse aiguille à coudre

Grosse aiguille à broder

Échantillon

15 m. et 21 rgs en jersey,
carré de 10 cm,
sur aiguille de 5,5 mm, en A ou B

Dimensions

Conviendra pour une tablette de 24 × 18,5 cm. Pour une tablette de taille différente, il vous faudra ajuster le nombre de mailles de montage et de rangs du modèle.

Abréviations

Voir page 126.

Difficulté

★★☆

Réalisation

Avant

Montez 28 m. en A.
Com. par 1 rg de m. à l'end., trav. 46 rangs en jersey.
4 rangs end.
Rabattez.

Arrière

Montez 28 m. en A.
Com. par 1 rg de m. à l'end., trav. 48 rangs en jersey.
Rabattez.

Porcelain

Tête

Montez 28 m. en A.
Com. par 1 rg de m. à l'end., trav. 4 rgs en jersey.
Coupez A et cont. avec B.
Rg 5 : 2 end., 2 m. ens. à l'end., end. jsq 4 dern. m., GGT, 2 end. *(26 m.)*
Rg 6 : env.
Rép. rgs 5–6, 1 fs. *(24 m.)*
Coupez B et cont. avec C, en fil doublé.
Rg 9 : 2 end., 2 m. ens. à l'end., end. jsq 4 dern. m., GGT, 2 end. *(22 m.)*
Rg 10 : env.
Rép. rgs 9–10, 2 fs. *(18 m.)*
Coupez C et cont. avec B.
***Rg 15 :** 2 end., 2 m. ens. à l'end., end. jsq 4 dern. m., GGT, 2 end. *(16 m.)*
Rg 16 : env.
Rép. rgs 15–16, 4 fs. *(8 m.)*
Rg 25 : 2 end., 2 m. ens. à l'end., GGT, 2 end. *(6 m.)*
Rg 26 : 2 m. ens. à l'env., 2 env., 2 m. ens. à l'env. *(4 m.)*
Rg 27 : GGT, 2 m. ens. à l'end. *(2 m.)*
Coupez le fil, passez à travers les m. rest., arrêtez en serrant bien.

Tête dessous

Montez 28 m. en A.
Com. par 1 rg de m. à l'end., trav. 4 rgs en jersey.
Rg 5 : 2 end., 2 m. ens. à l'end., end. jsq 4 dern. m., GGT, 2 end. *(26 m.)*
Rg 6 : env.
Rép. rgs 5–6, 4 fs. *(18 m.)*
Coupez A et cont. avec B.
Cont. comme pour l'avant, de * jsq à la fin.

Oreilles (en faire 2)

Montez 6 m. en A.
Com. par 1 rg de m. à l'end., trav. 4 rgs en jersey.
Rg 5 : GGT, 2 end., 2 m. ens. à l'end. *(4 m.)*
Rg 6 : [2 m. ens. à l'env.] 2 fs. *(2 m.)*
Rg 7 : 2 m. ens. à l'end. *(1 m.)*
Rg 8 : aug. à l'env. *(2 m.)*
Rg 9 : [aug.] 2 fs. *(4 m.)*
Rg 10 : env.
Rg 11 : 1 end., m1, 2 end., m1, 1 end. *(6 m.)*
Com. par 1 rg de m. à l'env., trav. 4 rgs en jersey.
Rab. à l'env.

Assemblage

Brodez les yeux au point de chaînette en B (voir p. 123).

Placez l'avant et le dessous de la tête endroit contre endroit et assemblez avec un surjet (voir p. 125). Retournez l'ouvrage sur l'endroit et assemblez le haut au point de matelas (voir p. 124).

Pliez les oreilles sur la face endroit, et assemblez par les côtés, avec un surjet, laissez le bas ouvert afin de retourner les oreilles sur l'endroit. Tournez les oreilles sur l'endroit, fermez le bas par un surjet, puis fixez-les sur la tête.

Assemblez les bordures au point plat (voir p. 125), et les lisières du bas au point de matelas.

Assemblez le haut de la tête à la bordure supérieure arrière de la housse. Cousez le bouton à l'emplacement de la truffe. Cousez les deux parties du bouton-pression en vis-à-vis, sous le museau, au niveau du bouton.

Rentrez tous les fils.

housse panda
pour mug

Les pandas ne sont pas seulement « graphiques », ce sont aussi des créatures adorables, que l'on a envie de câliner. Ces petites housses habilleront avec douceur vos tasses de thé, garderont vos boissons bien chaudes, et elles s'adapteront aux petits formats comme aux plus grands.

Laine et mercerie

Laine type chunky ou bulky (50 % laine, 50 % acrylique) 100 g/140 m

1 pelote col. vanille (A)

1 pelote col. anthracite (B)

Chutes de laine type chunky ou bulky de coloris contrastants pour les colliers et les nœuds

1 bouton gris de 18 mm pour chaque housse

Aiguilles

5 mm

Grosse aiguille à coudre

Grosse aiguille à broder

Marqueurs de mailles

Échantillon

16 m. et 22 rgs en jersey, carré de 10 cm, sur aiguille de 5 mm

Dimensions

La petite housse conviendra pour un mug de 30 cl, et la plus grande pour un grand mug de 60 cl. La petite housse mesure 8,5 cm de haut, pour 24 cm de circonférence, la grande, 10,5 cm de haut, pour 29 cm de circonférence.

Abréviations

Voir page 126.

Difficulté

★★☆

Les indications chiffrées pour la grande housse sont indiquées entre parenthèses, après celles pour la petite housse.

Réalisation

Partie principale

Montez 38 (46) m. avec la laine pour le collier
2 rangs end.
Coupez le fil du collier et cont. avec A.

Com. par 1 rg de m. à l'env., trav. 16 (20) rgs en jersey, en suivant les indications qui suivent.
Pour la petite housse, marquez le début et la fin des 5e et des 12e rgs sur l'aiguille de droite, avec des marqueurs de mailles ou des fils contrastants.
Pour la grande housse, marquez le début et la fin des 6e et des 15e rgs sur l'aiguille de droite, avec des marqueurs de mailles ou des fils contrastants.
Rab. à l'env.

Patte de fermeture

Pour la petite housse, sur l'endroit, relevez et trav. 6 m. entre le rg 5 et le rg 12 en vérifiant que la patte tricotée s'ajustera bien à l'ouverture de la poignée de votre mug. Si nécessaire, ajustez le nombre de m. et de rgs.
Rg 2 : 2 end., 2 env., 2 end.
Rg 3 : end.
Rg 4 : 2 end., 2 env., 2 end.
Rép. rgs 3–4, 2 fs.
Rg 9 : 2 end., rab. 2 m., end. jsq à la fin. *(4 m.)*
Rg 10 : 2 end., tournez et montez 2 m., tournez de nouveau, end. jsq à la fin. *(6 m.)*
Rg 11 : end.
Rg 12 : rab. en serrant bien.

Pour la grande housse, sur l'endroit, relevez et trav. 8 m. entre le rg 6 et le rg 15 en vérifiant que la patte tricotée s'ajustera bien à l'ouverture de la poignée de votre mug. Si nécessaire, ajustez le nombre de m. et de rgs.
Rg 2 : 2 end., 4 env., 2 end.
Rg 3 : end.
Rg 4 : 2 end., 4 env., 2 end.
Rép. rgs 3–4, 2 fs.
Rg 9 : 3 end., rab. 2 m., end. jsq à la fin. *(6 m.)*
Rg 10 : 3 end., tournez et montez 2 m., tournez de nouveau, end. jsq à la fin. *(8 m.)*
Rg 11 : end.
Rg 12 : rab. en serrant bien.

Oreilles (en faire 2)
Montez 6 m. en B.
Com. par 1 rg de m. à l'end., trav. 4 rgs en jersey.
Rg 5 : 2 m. ens. à l'end., 2 end., GGT. *(4 m.)*
Rg 6 : [2 m. ens. à l'env.] 2 fs. *(2 m.)*
Rg 7 : [aug.] 2 fs. *(4 m.)*
Rg 8 : [aug. à l'env., 1 env.] 2 fs. *(6 m.)*
Com. par 1 rg de m. à l'end., trav. 4 rgs en jersey.
Rabattez.

Pièce pour les yeux (en faire 2)
Montez 2 m. en B.
Rg 1 : [aug.] 2 fs. *(4 m.)*
Com. par 1 rg de m. à l'env., trav. 3 rgs en jersey.
Rg 5 : 2 m. ens. à l'end., GGT. *(2 m.)*
Rg 6 : 2 m. ens. à l'env. *(1 m.)*
Arrêtez.

Nœud
Montez 22 m. dans le fil utilisé pour le collier.
Rabattez.

Assemblage

Pliez les oreilles sur la face endroit, et assemblez par les côtés arrondis, avec un surjet, laissez le bas ouvert afin de retourner les oreilles sur l'endroit. Tournez les oreilles sur l'endroit, fermez le bas par un surjet, puis fixez-les sur la tête.

Fixez les yeux avec un surjet, en vous inspirant de la photo.

Séparez 30 cm de longueur de B en deux brins et utilisez-les pour broder deux nœuds français (voir p. 124) au centre des pièces formant les yeux – veillez à ce que la pupille soit bien visible en relief. Avec une même longueur de A, brodez un cercle au point de chaînette (voir p. 123) autour des pupilles.

Avec un brin de B dédoublé, brodez un tortillon de points de chaînette pour le museau et ajoutez un trait vertical au point droit (voir p. 123), en vous inspirant de la photo.

Assemblez le haut et les bas des lisières de côté au point plat (voir p. 125).

Assemblez les deux extrémités des nœuds et fixez-les sur l'avant du collier avec quelques points droits.

Cousez les boutons et rentrez tous les fils.

Voici enfin la solution au problème des fils d'écouteurs qui s'emmêlent à longueur de temps – les ranger dans une petite housse. Celle-ci est tricotée en DK doublé, ce qui la rend assez rigide et assez résistante, et son motif de petit canard ne pourra que vous mettre de bonne humeur ! Laissez libre cours à votre imagination, et en un rien de temps, vous aurez confectionné toute une petite ménagerie.

housse canard
pour écouteurs

Laine

Mérinos extra-fine DK (100 % laine)
50 g/120 m
1 pelote col. jaune poussin

Chutes de DK col. au choix, pour le nœud

Chutes de DK col. orange vif, col. blanc cassé et col. noir

Aiguilles

4 mm

3 mm

Crochet de 3,25 mm

Grosse aiguille à coudre

Grosse aiguille à broder

Échantillon

18 m. et 26 rgs en jersey, carré de 10 cm, sur aiguille de 4 mm, sur fil doublé

Dimensions

La housse mesure 9 cm de diamètre.

Abréviations

Voir page 126.

Difficulté

★☆☆

Réalisation

Avant

Sur une aiguille 4 mm, montez 7 m. en fil doublé.
Rg 1 : aug., end. jsq aux 2 dern. m., aug., 1 end. *(9 m.)*
Rg 2 : env.
Rép. rgs 1–2, 1 fs. *(11 m.)*
Rg 5 : 1 end., m1, end. jsq à dern. m., m1, 1 end. *(13 m.)*
Rg 6 : env.
Rép. rgs 5–6, 2 fs. *(17 m.)*
Com. par 1 rg de m. à l'end., trav. 4 rgs en jersey.
***Rg 15 :** 2 m. ens. à l'end., end. jsq aux 2 dern. m., GGT. *(15 m.)*
Rg 16 : env.
Rép. rgs 15–16, 3 fs. *(9 m.)*
Rg 23 : 2 m. ens. à l'end., end. jsq aux 2 dern. m., GGT. *(7 m.)*
Rab. à l'env.

Arrière (en faire 2)
Sur une aiguille 4 mm, montez 17 m. en fil doublé.
Rg 1 : 1 end., [1 env., 1 end.] jsq à la fin.
Rg 2 : 1 env., [1 end., 1 env.] jsq à la fin.
Com. par 1 rg de m. à l'end., trav. 2 rgs en jersey.
Trav. comme pour l'avant de * jsq à la fin.

Bec
Sur une aiguille 3 mm, montez 6 m. en fil orange.
Rg 1 : aug., end. jsq aux 2 dern. m., aug., 1 end. *(8 m.)*
Rg 2 : env.
Rg 3 : 1 end., m1, end. jsq à dern. m., m1, 1 end. *(10 m.)*
Com. par 1 rg de m. à l'env., trav. 3 rgs en jersey.
Rg 7 : 1 end., 2 m. ens. à l'end., 4 end., GGT, 1 end. *(8 m.)*
Rg 8 : 2 m. ens. à l'env., 4 env., 2 m. ens. à l'env. *(6 m.)*
Rabattez.

Houppe de la tête
Au crochet, en fil non doublé, trav. une chaînette de 17 cm (voir p. 121).

Nœud
Sur une aiguille 3 mm et fil au choix, montez 5 m.
Rg 1 : 1 end., [1 env., 1 end.] jsq à la fin.
Rép. rg 1, 13 fs.
Rab. à l'env.

Assemblage

Disposez les pièces arrière et avant endroit contre endroit, et les deux pièces de l'arrière se superposant. Assemblez par un surjet (voir p. 125) tout autour de la bordure. Retournez la trousse sur l'endroit, de façon à ce que la partie arrière supérieure recouvre un peu la partie arrière inférieure.

Formez trois boucles avec la chaînette de crochet et fixez-la avec quelques points sur le dessus.

Brodez deux nœuds français en DK noir (voir p. 124) pour les pupilles. Avec une chute de fil blanc, brodez un cercle au point de chaînette (voir p. 123) autour des pupilles.

Pliez le bec afin que les bords de montage et le bord rabattu se rejoignent et afin que l'endroit de l'ouvrage soit sur l'extérieur. Assemblez les bords sur 5 mm pour donner une forme au bec. Fixez-le par la pliure, par le bord de montage.

Fixez le nœud par quelques points droits (voir p. 123), bien au centre.

Rentrez tous les fils.

Ces adorables housses habilleront vos gobelets jetables de façon colorée, garderont la boisson bien au chaud, et vous éviteront de vous brûler les doigts. Ce modèle au point de riz se tient bien, il est assez rigide et se tricote facilement. Les nœuds tout faits viennent de ma boîte à couture.

chatons protège-gobelets

Laine et mercerie

Pour les trois housses

Mérinos extra-fine DK (100 % laine) 50 g/120 m

- 1 pelote col. orange (A)
- 1 pelote col. abricot (B)
- 1 pelote col. gris mauve (C)
- 1 pelote col. crème (D)

Chutes de DK col. gris foncé ou anthracite pour les détails

Nœuds en ruban tout faits 3 × 3 cm ou fins rubans, pour les confectionner vous-même

Fil à coudre fin pour les fixer

Aiguilles

3,25 mm

Grosse aiguille à coudre

Grosse aiguille à broder

Aiguille à coudre standard

Échantillon

26 m. et 34 rgs en jersey, carré de 10 cm, sur aiguille de 3,25 mm

Dimensions

Les petites housse mesurent 9,5 cm de large, 4,5 cm de haut (sans les oreilles). Elles conviendront pour tout gobelet de 9,5 cm de circonférence – au sommet –, et de 23,5 cm de haut.

Abréviations

Voir page 126.

Difficulté

★☆☆

Pour le chaton orange

Partie principale

Montez 47 m. en A.

Coupez A et cont. avec B.

Rg 1 : [1 end., 1 env.] jsq à la dern. m., 1 end.

Rép. rg 1, 15 fs.

Coupez B et cont. avec A.

Rg 17 : [1 end., 1 env.] jsq à la dern. m., 1 end.

Rab. à l'env.

Oreilles

Endroit face à vous, en A, relevez et trav. 6 m., du rg 15 au rg 20, le long du bord rabattu.

Rg 2 : env.

Rg 3 : GGT, 2 end., 2 m. ens. à l'end. *(4 m.)*

Rg 4 : env.

Rg 5 : GGT, 2 m. ens. à l'end. *(2 m.)*

Rg 6 : 2 m. ens. à l'env. *(1 m.)*

Coupez le fil et arrêtez.

Trav. la deuxième oreille de la même façon, mais en partant du rg 28 jsq au rg 33, le long du bord rabattu.

Pour le chaton gris

Trav. la partie principale et les oreilles comme pour le chaton orange, en utilisant C à la place de A et B.

Pièce pour les yeux

Montez 5 m. en D.
Rg 1 : [1 end., 1 env.] 2 fs, 1 end.
Rép. rg 1, 4 fs.
Rab. à l'env.

Pour le chaton blanc

Trav. la partie principale et les oreilles comme pour le chaton orange, en utilisant D à la place de A et B.

Assemblage

Cousez les pièces pour les yeux sur le chaton gris en vous inspirant de la photo.

Trav. un tortillon de 4 points de chaînette (voir p. 123) pour les yeux, en chute de DK gris ou anthracite.

Dédoublez une partie du fil que vous venez d'utiliser et trav. les museaux au point droit (voir p. 123).

Assemblez les petits côtés de la housse au point plat (voir p. 125).

Fixez les nœuds avec un ou deux points.

Rentrez tous les fils.

trousse salamandre

Pratique et très originale, cette trousse à crayons fera sensation sur votre bureau. Mais, laissez-vous porter par votre imagination et assemblez les couleurs comme il vous chante.

Laine et mercerie

Laine lavable en machine DK (100 % laine) 50 g/125 m

1 pelote col. avocat (A)

Chutes de DK col. corail, col. noir et col. blanc cassé

1 fermeture Éclair noir de 15 cm

Garniture de jouet en polyester

Aiguilles

3,25 mm

Grosse aiguille à coudre

Grosse aiguille à broder

Échantillon

22 m. et 34 rgs en jersey, carré de 10 cm, sur aiguille de 3,25 mm.

Dimensions

La trousse mesure 24 cm de long.

Abréviations

Voir page 126.

Difficulté

***

Réalisation

Partie principale

Montez 9 m. en A.

Rg 1 : aug., end. jsq aux 2 dern. m., aug., 1 end. *(11 m.)*

Rg 2 : env.

Rg 3 : 1 end., m1, end. jsq aux 2 dern. m., m1, 1 end. *(13 m.)*

Rg 4 : env.

Rép. rgs 3–4, 4 fs. *(21 m.)*

Com. par 1 rg de m. à l'end., trav. 10 rgs en jersey.*

Rg 23 : 1 end., [1 env., 1 end.] jsq à la fin.

Rg 24 : 1 env., [1 end., 1 env.] jsq à la fin.

Rg 25 : 1 env., [1 end., 1 env.] jsq à la fin.

Rg 26 : 1 end., [1 env., 1 end.] jsq à la fin.

Rép. rgs 23–26, 6 fs.

****Rg 51 :** 2 m. ens. à l'env., [1 end., 1 env.] jsq aux 3 dern. m., 1 end., 2 m. ens. à l'env. *(19 m.)*

Rg 52 : 1 end., [1 env., 1 end.] jsq à la fin.

Rép. rgs 51–52, 2 fs. *(15 m.)*

Rg 57 : 1 end., [1 env., 1 end.] jsq à la fin.

Rg 58 : 1 env., [1 end., 1 env.] jsq à la fin.

Rg 59 : 2 m. ens. à l'end., [1 env., 1 end.] jsq aux 3 dern. m., 1 env., 2 m. ens. à l'end. *(13 m.)*

Rg 60 : 1 env., [1 end., 1 env.] jsq à la fin.

Rg 61 : 1 env., [1 end., 1 env.] jsq à la fin.

Rg 62 : 1 end., [1 env., 1 end.] jsq à la fin.

Rg 63 : 1 end., [1 env., 1 end.] jsq à la fin.

Rg 64 : 1 env., [1 end., 1 env.] jsq à la fin.

Rg 65 : 1 env., [1 end., 1 env.] jsq à la fin.

Rg 66 : 1 end., [1 env., 1 end.] jsq à la fin.

Rép. rgs 63–66, 2 fs.

Rg 75 : 2 m. ens. à l'env., [1 end., 1 env.] jsq aux 3 dern. m., 1 end., 2 m. ens. à l'env. *(11 m.)*

Rg 76 : 1 end., [1 env., 1 end.] jsq à la fin.

Rg 77 : 1 end., [1 env., 1 end.] jsq à la fin.

Rg 78 : 1 env., [1 end., 1 env.] jsq à la fin.

Rg 79 : 2 m. ens. à l'end., [1 env., 1 end.] jsq aux 3 dern. m., 1 env., 2 m. ens. à l'end. *(9 m.)*

Rg 80 : 1 env., [1 end., 1 env.] jsq à la fin.

Rg 81 : 1 env., [1 end., 1 env.] jsq à la fin.

Rg 82 : 1 end., [1 env., 1 end.] jsq à la fin.

Rg 83 : 2 m. ens. à l'env., [1 end., 1 env.] jsq aux 3 dern. m., 1 end., 2 m. ens. à l'env. *(7 m.)*

Rg 84 : 1 end., [1 env., 1 end.] jsq à la fin.

Rg 85 : 1 end., [1 env., 1 end.] jsq à la fin.

Rg 86 : 1 env., [1 end., 1 env.] jsq à la fin.

Rg 87 : 2 m. ens. à l'end., 1 env., 1 end., 1 env., 2 m. ens. à l'end. *(5 m.)*

Rg 88 : [1 env., 1 end.] 2 fs, 1 env.

Rg 89 : [1 env., 1 end.] 2 fs, 1 env.

Rg 90 : [1 end., 1 env.] 2 fs, 1 end.

Rg 91 : 2 m. ens. à l'env., 1 end., 2 m. ens. à l'env. *(3 m.)*

Rg 92 : 3 m. ens. à l'env. *(1 m.)*

Arrêtez.

Partie inférieure du corps

Trav. comme pour la partie supérieure jsq à *.

Com. par 1 rg de m. à l'end., trav. 28 rgs en jersey.

Trav. de ** jsq à la fin.

Pattes (en faire 4)

Montez 8 m. en A.

Com. par 1 rg de m. à l'end., trav. 8 rgs en jersey.

Rg 9 : [2 m. ens. à l'end.] jsq à la fin. *(4 m.)*

Coupez le fil, passez à travers m. rest., arrêtez en serrant bien.

Bouche

Montez 38 m. en col. corail.

Rg 1 : aug., end. jsq aux 2 dern. m., aug., 1 end. *(40 m.)*

Rg 2 : env.

Rg 3 : 2 end., rab. 30 m., 1 end. (2 m. dans le dernier groupe, sur l'aiguille). *(4 m.)*

Rg 4 : 2 env., tournez l'ouvrage et montez 36 m., retournez l'ouvrage, et 2 env. *(40 m.)*

Rg 5 : 2 m. ens. à l'end., end. jsq aux 2 dern. m., GGT. *(38 m.)*

Rg 6 : env.

Rabattez.

Assemblage

Placez les deux parties de la trousse endroit contre endroit et assemblez-les avec un surjet (voir p. 125), du début des rangs au point de riz sur le haut du corps, jusqu'à la queue.

Placez la fermeture Éclair sous la partie corail de la bouche et, avec un fil col. corail, fixez les deux parties aux deux parties mobiles de l'ouvrage, au point glissé.

Fixez la bouche au point glissé sur la housse principale. Assemblez les pattes par les lisières, en les garnissant de polyester au fur et à mesure. Puis fixez-les avec un surjet.

Brodez deux nœuds français au DK col. noir (voir p. 124) pour les pupilles. Brodez un cercle au point de chaînette (voir p. 123) autour des pupilles avec le fil blanc cassé.

Rentrez tous les fils.

koala protège-livre

Cette adorable petite housse koala tricotée en laine très douce – choisissez-en une qui contient une bonne proportion d'alpaga – deviendra vite votre compagnon de voyage. Elle est parfaite pour protéger le livre que vous êtes en train de lire, et qu'il vous faudra ranger dans votre sac. Attendez-vous à devoir en tricoter pour vos amis, tant ce modèle fait l'unanimité !

Laine et mercerie

Laine de type aran (70 % alpaga, 23 % polyamide, 7 % laine) 50 g/130 m

- 1 pelote col. gris clair (A)
- 1 pelote blanc cassé (B)

Chute de DK col. noir (C)

Garniture de jouet en polyester

2 boutons de bottine noirs de 8 mm

1 bouton-pression de 11 mm

Aiguilles

4 mm

3 mm

Grosse aiguille à coudre

Grosse aiguille à broder

Échantillon

19 m. et 27 rgs en jersey, carré de 10 cm, sur aiguille de 4 mm

Dimensions

La housse peut contenir un ouvrage de poche de 13 × 19,5 cm, de 2,5 cm d'épaisseur environ.

La housse finie mesure 15 × 23 cm.

Abréviations

Voir page 126.

Difficulté

★★☆

Réalisation

Avant

Sur une aiguille 4 mm, montez 30 m. en A.
Com. par 1 rg de m. à l'end., trav. 22 rangs en jersey.
Coupez A et cont. avec B.
Com. par 1 rg de m. à l'end., trav. 36 rgs en jersey.
Rg 59 : [1 end., 1 env.] jsq à la fin.
Rép. rg 59, 3 fs.
Rabattez.

Arrière

Sur une aiguille 4 mm, montez 30 m. en A.
Com. par 1 rg de m. à l'end., trav. 62 rgs en jersey.
Rabattez.

Tête (en faire 2)
Sur une aiguille 4 mm, montez 27 m. en A.
Com. par 1 rg de m. à l'end., trav. 18 rgs en jersey.
Rg 19 : 2 end., 2 m. ens. à l'end., end. jsq 4 dern. m., GGT, 2 end. *(25 m.)*
Rg 20 : env.
Rg 21 : 2 end., 2 m. ens. à l'end., end. jsq 4 dern. m., GGT, 2 end. *(23 m.)*
Rg 22 : 2 m. ens. à l'env., env. jsq à dern. m., 2 m. ens. à l'env. *(21 m.)*
Rép. 2 dern. rgs, 2 fs. *(13 m.)*
Rabattez.

Bras (en faire 2)
Sur une aiguille 4 mm, montez 12 m. en A.
Com. par 1 rg de m. à l'end., trav. 12 rgs en jersey.
Rg 13 : [2 m. ens. à l'end.] jsq à la fin. *(6 m.)*
Coupez le fil, passez à travers les m. rest., arrêtez en serrant bien.

Oreilles (en faire 2)
Sur une aiguille 4 mm, montez 14 m. en A.
Com. par 1 rg de m. à l'end., trav. 6 rgs en jersey.
Rg 7 : [2 m. ens. à l'end.] jsq à la fin. *(7 m.)*
Coupez le fil, passez à travers les m. rest., arrêtez en serrant bien.

Museau
Sur une aiguille 3 mm, montez 5 m. en C.
Rg 1 : aug., end. jsq aux 2 dern. m., aug., 1 end. *(7 m.)*
Rg 2 : env.
Rép. rgs 1–2, 1 fs. *(9 m.)*
Rg 5 : end.
Rg 6 : env.
Rg 7 : 1 end., 2 m. ens. à l'end., 3 end., GGT, 1 end. *(7 m.)*
Rg 8 : env.
Rg 9 : 1 end., 2 m. ens. à l'end., 1 end., GGT, 1 end. *(5 m.)*
Rg 10 : 2 m. ens. à l'env., 1 env., 2 m. ens. à l'env. *(3 m.)*
Rg 11 : 3 m. ens. à l'end. *(1 m.)*
Arrêtez.

Assemblage

Assemblez les parties arrière et avant en partant de la base et sur les côtés, au point de matelas (voir p. 124).

Assemblez les deux parties de la tête avec un surjet (voir p. 125), le long des arrondis, à partir de l'intérieur, puis la base et les côtés au point de matelas. Fixez la tête avec un surjet, sur la partie arrière de la housse.

Fixez le museau avec un surjet, en le garnissant de polyester au fur et à mesure. Pour ajouter une finition nette à la truffe, brodez une ligne circulaire tout autour, au point de chaînette (voir p. 123), en C.

Assemblez les bras au point de matelas. Fixez-les sur les côtés, sur la couture, et plaquez-les sur le devant de la housse avec quelques points droits (voir p. 123), en C, qui formeront aussi les griffes.

Assemblez les oreilles en les garnissant au fur et à mesure, puis fixez-les en vous inspirant de la photo.

Cousez les boutons à la place des yeux, puis cousez le bouton-pression. Cousez les deux parties du bouton-pression en vis-à-vis, sous le museau.

Rentrez tous les fils.

suricate protège-liseuse

Vous n'aurez aucune difficulté à tricoter cette jolie housse suricate, dans laquelle glisser votre précieuse liseuse, qui sera ainsi instantanément à l'abri des chocs et de la poussière. C'est un modèle qui prend peu de temps à réaliser – de la laine bien épaisse, et des aiguilles moyennes, et le tour est joué !

Laine et mercerie

Laine chunky (80 % acrylique, 20 % laine) 100 g/145 m
- 1 pelote col. noisette (A)
- 1 pelote col. beige foncé (B)

Chutes de DK col. noir

2 boutons de bottine noirs de 8 mm

1 bouton-pression de 11 mm

Aiguilles

5 mm

3,75 mm

Marqueurs de mailles (facultatif)

Grosse aiguille à coudre

Grosse aiguille à broder

Échantillon

15 m. et 23 rgs en jersey,
carré de 10 cm,
sur aiguille de 5 mm

Dimensions

La housse contiendra une liseuse standard de 12 × 17 × 1 cm, ou de taille approchante.

La housse finie mesure 12 × 17 cm.

Abréviations

Voir page 126.

Difficulté

★★☆

Réalisation

Partie principale avant

Sur une aiguille 5 mm, montez 20 m. en A.
Com. par 1 rg de m. à l'end., trav. 10 rgs en jersey.
Coupez A et cont. avec B.
Com. par 1 rg de m. à l'end., trav. 25 rgs en jersey.
Rg 36 : end.
Rabattez.

Partie principale arrière et avant de la tête

Sur une aiguille 5 mm, montez 20 m. en A.
Com. par 1 rg de m. à l'end., trav. 36 rgs en jersey.
Marquez le début et la fin de chaque rg, avec des marqueurs de mailles ou des fils contrastants.
Com. par 1 rg de m. à l'end., trav. 2 rangs en jersey.
Coupez A.
Rg 39 : 7 end. en B, cont. avec A et 6 end ; end. jsq à la fin en B avec le fil du centre de la pelote.
Rg 40 : 8 env. en B, 4 env. en A ; end. jsq à la fin en B.
Rg 41 : 1 end., 2 m. ens. à l'end., 6 end. en B ; 2 end. en A ; 6 end., GGT, 1 end. en B. *(18 m.)*
Coupez A et B de l'extérieur de la pelote et cont. avec B.

Rg 42 : 2 m. ens. à l'env., env. jsq à dern. m., 2 m. ens. à l'env. *(16 m.)*
Rg 43 : 1 end., 2 m. ens. à l'end., k jsq aux 3 dern. m., GGT, 1 end. *(14 m.)*
Rg 44 : 2 m. ens. à l'env., env. jsq à dern. m., 2 m. ens. à l'env. *(12 m.)*
Rg 45 : 1 end., 2 m. ens. à l'end., end. jsq aux 3 dern. m., GGT, 1 end. *(10 m.)*
Rg 46 : env.
Rép. rgs 45–46,1 fs. *(8 m.)*
Coupez B, cont. avec A et trav. le reste de l'ouvrage en A.
Rg 49 : 2 m. ens. à l'end., 4 end., GGT. *(6 m.)*
Rg 50 : env.
Rg 51 : 2 m. ens. à l'end., 2 end., GGT. *(4 m.)*
Rg 52 : env.
Rg 53 : 2 m. ens. à l'end., GGT. *(2 m.)*
Rg 54 : 2 m. ens. à l'env. *(1 m.)*
Arrêtez.

Dessous de la tête

Sur une aiguille 5 mm, montez 20 m. en A.
Com. par 1 rg de m. à l'end., trav. 4 rgs en jersey.
Rg 5 : 1 end., 2 m. ens. à l'end., end. jsq aux 3 dern. m., GGT, 1 end. *(18 m.)*
Rg 6 : 2 m. ens. à l'env., env. jsq à dern. m., 2 m. ens. à l'env. *(16 m.)*
Rg 7 : 1 end., 2 m. ens. à l'end., end. jsq aux 3 dern. m., GGT, 1 end. *(14 m.)*
Rg 8 : 2 m. ens. à l'env., env. jsq à dern. m., 2 m. ens. à l'env. *(12 m.)*
Rg 9 : 1 end., 2 m. ens. à l'end., end. jsq aux 3 dern. m., GGT, 1 end. *(10 m.)*
Rg 10 : env.
Rép. rgs 9–10, 1 fs. *(8 m.)*
Rg 13 : 2 m. ens. à l'end., 4 end., GGT. *(6 m.)*
Rg 14 : env.
Rg 15 : 2 m. ens. à l'end., 2 end., GGT. *(4 m.)*
Rg 16 : env.
Rg 17 : 2 m. ens. à l'end., GGT. *(2 m.)*
Rg 18 : 2 m. ens. à l'env. *(1 m.)*
Arrêtez.

Bras (en faire 2)

Sur une aiguille 5 mm, montez 7 m. en B.
Com. par 1 rg de m. à l'end., trav. 10 rgs en jersey.
Rg 11 : 2 m. ens. à l'end., glis. 2, 1 end., par-dessus 2 m., GGT. *(3 m.)*

Coupez le fil, passez à travers m. rest., arrêtez en serrant bien.

Oreilles (en faire 2)
Dédoublez 30 cm de A en deux brins plus fins.
Sur une aiguille 3,75, montez 4 m. en fil dédoublé.
4 rangs end.
Rg 5 : GGT, 2 m. ens. à l'end. *(2 m.)*
Rg 6 : GGT. *(1 m.)*
Arrêtez.

Assemblage

Assemblez les côtés au point de matelas (voir p. 124), en faisant se correspondre les mailles marquées de la partie avant et de la partie arrière.

Endroit face à face, assemblez la base avec un surjet (voir p. 125).

Rentrez tous les fils de la partie centrale sur l'envers de la partie arrière du devant de la tête.

Placez le dessous de la tête sur la partie avant, endroit contre endroit. Assemblez par les côtés avec un surjet et laissez la base ouverte. Tournez la tête sur l'endroit et fermez la partie supérieure du dessous de la tête avec un point glissé.

Brodez un petit cercle plat au point de chaînette, en A dédoublé, (voir p. 123) pour les yeux, en vous inspirant de la photo. Cousez les boutons à l'intérieur des cercles.

Brodez le museau en DK col. noir, au point de chaînette, à l'extrémité de la face avant.

Fixez les oreilles avec un surjet, sur les côtés de la tête.

Assemblez les bras par les lisières et fixez-les le long du corps de la housse.

Cousez les deux parties du bouton-pression en vis-à-vis, sous le museau.

Rentrez tous les fils.

techniques

Dans les pages suivantes, vous trouverez les techniques de base du tricot, nécessaires à la réalisation des modèles de cet ouvrage. Les aiguilles à tricoter, le type de laine, de fil et autre matériel de mercerie dont vous aurez besoin sont répertoriés au début des instructions de chaque projet. Vous pouvez utiliser la laine – du même poids –, que vous souhaitez, dans une couleur différente, dans la marque de votre choix. Vérifiez simplement la tension de l'ouvrage sur un échantillon (voir ci-contre). Lorsque vous calculez la quantité de laine nécessaire, comptez la longueur du fil dans chaque pelote, et non pas le poids de celle-ci. La longueur du fil recommandée par pelote est donnée dans la liste des matériaux pour chaque projet. Si vous utilisez des fils différents que ceux recommandés pour broder de petits motifs, comme les yeux et les museaux, cela n'aura que peu d'incidence sur l'aspect final de votre travail – utilisez sans problème des fils que vous avez dans votre stock.

La tension

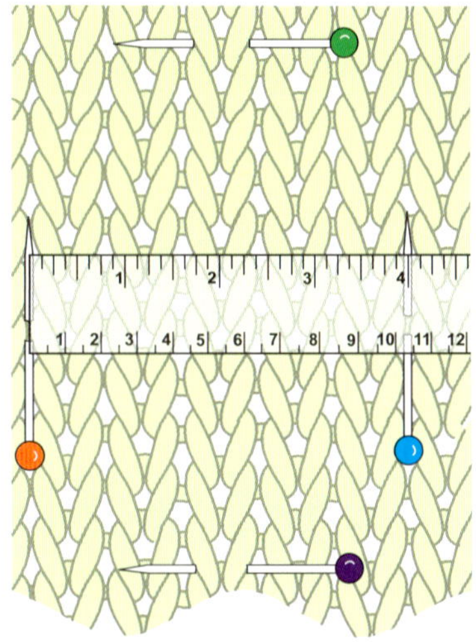

La tension d'un ouvrage est donnée pour chaque modèle, elle s'obtient au moyen d'un échantillon tricoté : cela a pour but de vous aider à ce que l'ensemble de l'ouvrage soit proportionnel à la taille de l'échantillon. La tension est donnée en nombre de mailles et de rangs pour obtenir un carré de 10 cm de tricot.

À l'aide de la laine et des aiguilles recommandées, montez 8 mailles de plus qu'indiqué dans les instructions – pour 10 mailles pour 10 cm, montez 18 mailles. Tricotez 8 rangs de plus qu'indiqué. Rabattez sans serrer. Posez l'échantillon à plat sans l'étirer.

Placez une règle sur les mailles comme indiqué, avec la marque de 5 cm centrée sur l'échantillon, puis posez une épingle au début de la règle et à la marque 10 cm : les épingles doivent être bien loin des bords de l'échantillon. Comptez le nombre de points entre les épingles. Répétez le processus sur les rangs, et comptez-les jusqu'à atteindre 10 cm.

Si le nombre de mailles et de rangs que vous avez comptés est identique au nombre demandé dans les instructions, alors la tension est bonne. Si cela ne tombe pas juste, changez de tension en changeant la taille de vos aiguilles à tricoter. Si vous obtenez plus de mailles qu'indiqué dans le modèle, il faut recommencer l'échantillon avec des aiguilles plus grosses. Si vous obtenez moins de mailles qu'indiqué dans le modèle, il faut recommencer l'échantillon avec des aiguilles plus fines

Comment tenir les aiguilles ?

Si vous êtes novice, vous devrez apprendre quelle façon sera la plus confortable de tenir vos aiguilles.

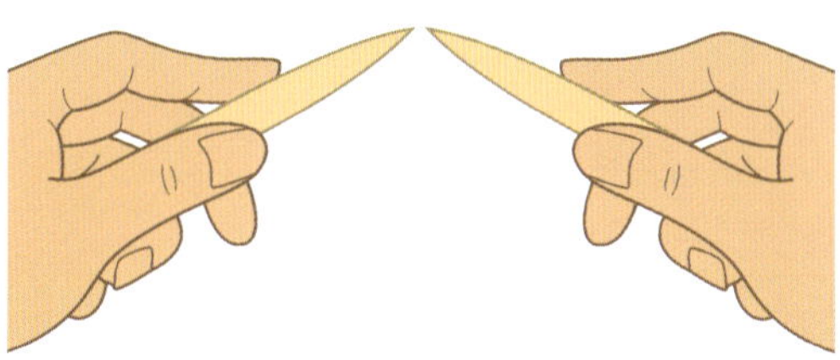

Comme un couteau

Prenez les aiguilles, une dans chaque main, comme si vous teniez un couteau et une fourchette, c'est-à-dire, les mains légèrement sur le dessus de chaque aiguille. Au fur et à mesure que vous tricotez, vous coincerez l'aiguille droite sous votre bras, en gardant la main souple pour manipuler le fil – ainsi, votre main droite garde sa mobilité pour tricoter et monter les mailles.

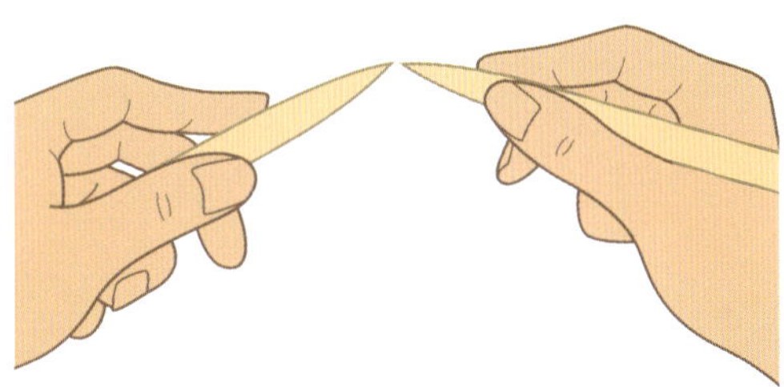

Comme un stylo

Tenez l'aiguille comme un stylo, votre pouce et votre index tiennent légèrement l'aiguille près de sa pointe, l'aiguille repose dans le creux de votre pouce. Tandis que vous tricotez, vous n'avez pas besoin de lâcher l'aiguille – faites glisser votre main droite vers l'avant pour manipuler le fil.

Comment tenir la laine ?

Lorsque vous tricotez, vous travaillez des mailles sur l'aiguille de gauche et sur l'aiguille de droite, et le fil avec lequel vous travaillez doit être assez tendu pour être manipulé, tout en donnant un tricot uniforme. Pour maintenir et tendre le fil, vous pouvez utiliser votre main droite ou gauche, selon la méthode que vous allez choisir pour tricoter vos mailles.

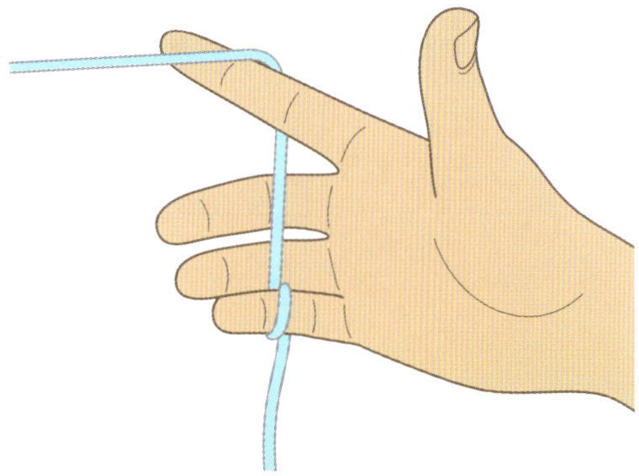

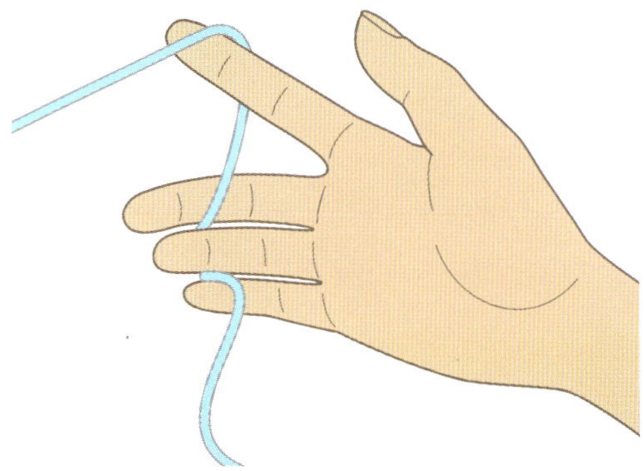

Fil dans la main droite

Pour tricoter « à l'anglaise » (voir p. 114 et 115), tenez le fil dans votre main droite. Vous pouvez l'enrouler autour de vos doigts de plusieurs manières, à condition de toujours maintenir une tension constante. Testez ce qui vous convient le mieux.

Pour tenir le fil bien serré (à gauche), enroulez-le autour de votre petit doigt, sous votre annulaire et votre majeur, puis passez-le sur votre index, c'est lui qui va guider le fil. Pour une prise plus lâche (à droite), attrapez le fil entre votre petit doigt et votre annulaire, sur le majeur et autour de l'index.

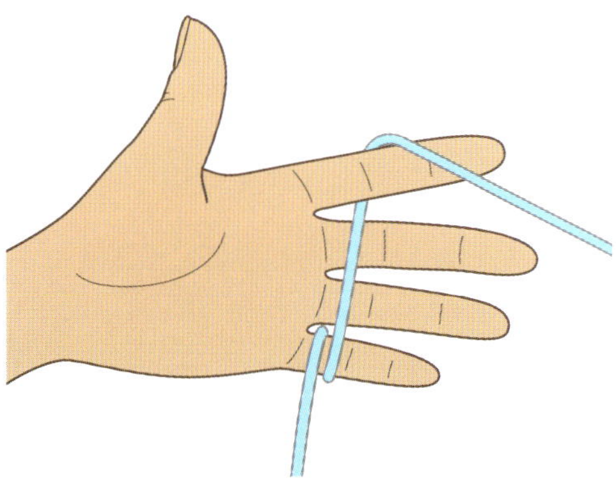

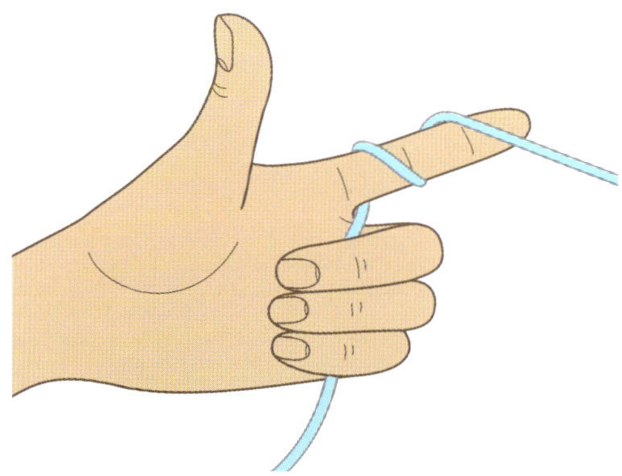

Fil dans la main gauche

Pour tricoter dans le style continental (voir p.114 et 115), tenez le fil dans votre main gauche. Cette méthode est parfois plus facile à utiliser pour les gauchers, bien que de nombreux gauchers soient très à l'aise avec le fil sur la main gauche. Testez ce qui vous convient le mieux.

Pour tenir le fil bien serré (à gauche), enroulez-le autour de votre petit doigt, sous votre annulaire et votre majeur, puis passez-le sur votre index, c'est lui qui va guider le fil. Pour une prise plus lâche (à droite), pliez votre petit doigt, votre annulaire et votre majeur sur le fil et enroulez-le deux fois autour de votre index.

Faire un nœud coulant

Vous devrez faire un nœud coulant pour former votre première maille de montage.

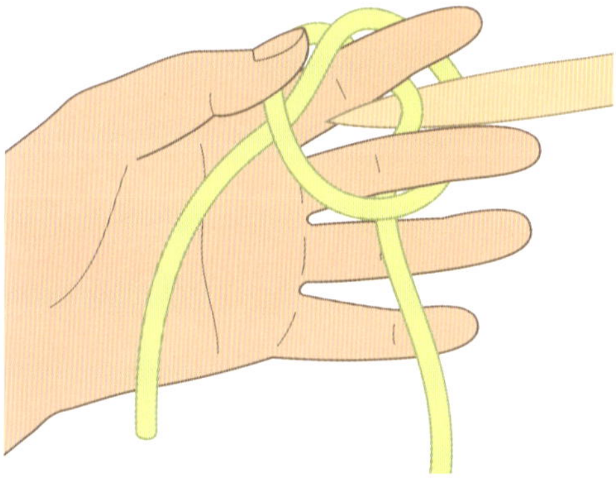

1 Avec la pelote de laine à droite, posez l'extrémité du fil sur la paume de votre main gauche et maintenez-la en place avec votre pouce gauche. Avec votre main droite, enroulez le fil autour de vos deux premiers doigts pour former une boucle. Prenez l'aiguille à tricoter à l'arrière de la boucle, de droite à gauche et tirez le fil à travers la boucle, comme indiqué sur le schéma.

2 Retirez le fil de vos doigts, et gardez la boucle sur l'aiguille. Tirez doucement sur les deux extrémités du fil pour resserrer le nœud. Ensuite, tirez sur le fil côté pelote, pour sécuriser le nœud sur l'aiguille.

Monter des mailles sur deux aiguilles

Il existe quelques méthodes de montage de mailles, mais voici celle utilisée pour les modèles de cet ouvrage : la méthode sur deux aiguilles.

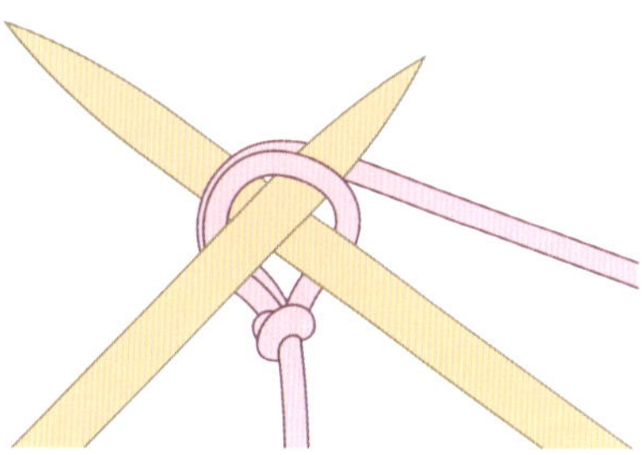

1 Faites un nœud coulant comme indiqué ci-dessus. Prenez l'aiguille avec le nœud dans votre main gauche. Insérez l'autre aiguille dans l'avant du nœud, et sous l'aiguille gauche. Enroulez le fil de la pelote autour de la pointe de l'aiguille droite.

2 À l'aide de la pointe de l'aiguille, tirez le fil à travers le nœud coulant pour former une boucle.
Cette boucle est le nouveau point. Glissez la boucle de l'aiguille droite sur l'aiguille gauche.

3 Pour faire la maille suivante, insérez la pointe de l'aiguille droite entre les deux premières mailles. Enroulez le fil sur l'aiguille droite, de gauche à droite, puis tirez le fil pour former une boucle. Transférez cette boucle vers l'aiguille de gauche. Répétez jusqu'à ce que vous obteniez le nombre de mailles nécessaire.

La maille à l'endroit

Il n'y a que deux points dans le tricot, la maille à l'endroit et la maille à l'envers. En Europe, la méthode la plus connue est celle du tricot continental. Mais il existe aussi une méthode appelée « tricot anglais » (ou américain).

Méthode « à l'anglaise »

1 Tenez l'aiguille avec les mailles montées dans votre main gauche, puis insérez l'aiguille droite dans l'avant de la première maille de gauche à droite. Enroulez le fil autour de l'aiguille droite, de gauche à droite.

2 Avec l'aiguille droite, tirez le fil à travers la maille pour former une boucle. Cette boucle est la nouvelle maille.

3 Faites délicatement glisser la maille de l'aiguille gauche sur l'aiguille droite. Répétez ces étapes jusqu'à ce que vous ayez tricoté toutes les mailles de l'aiguille gauche. Pour monter le rang suivant, passez l'aiguille droite, qui porte désormais les nouvelles mailles, dans votre main gauche.

Méthode continentale

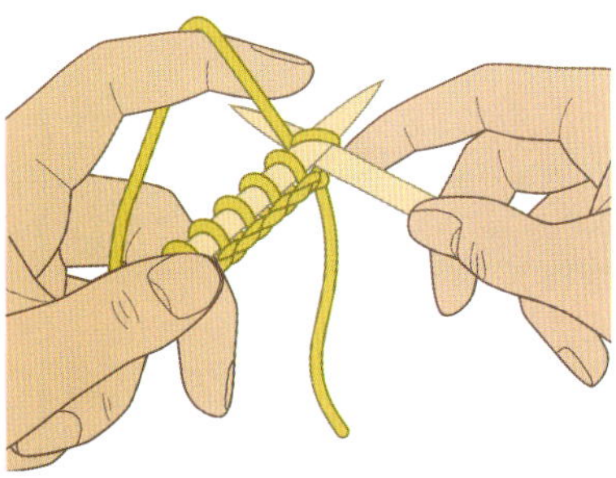

1 Tenez l'aiguille avec les mailles à tricoter dans votre main gauche, puis insérez la pointe de l'aiguille droite dans l'avant de la première maille, de gauche à droite. En tenant fermement le fil de votre main gauche à l'arrière de votre travail, utilisez la pointe de l'aiguille droite pour tirer une boucle de fil.

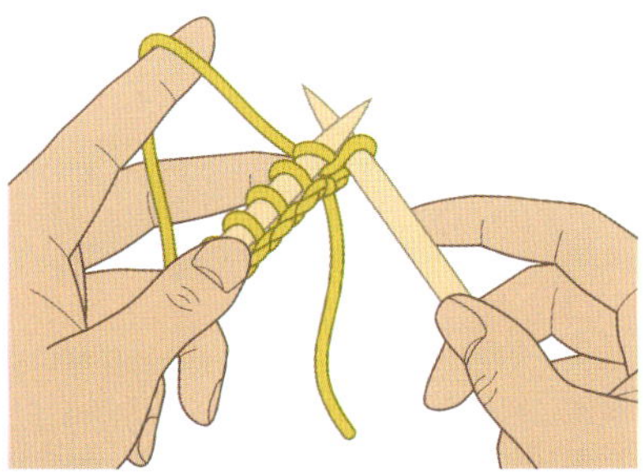

2 Avec l'aiguille droite, tirez le fil à travers la maille d'origine pour former une boucle. Cette boucle est le nouveau point.

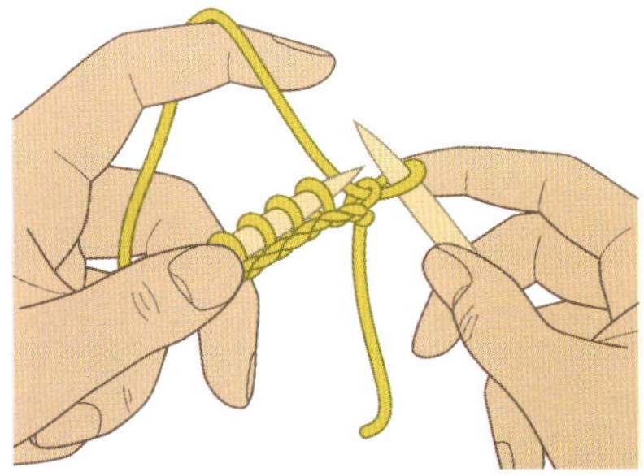

3 Faites délicatement glisser la maille de l'aiguille gauche sur l'aiguille droite. Répétez ces étapes jusqu'à ce que vous ayez tricoté toutes les mailles de l'aiguille gauche. Pour monter le rang suivant, passez l'aiguille droite, qui porte désormais les nouvelles mailles, dans votre main gauche.

La maille à l'envers

Comme avec la maille à l'endroit, la maille à l'envers peut être formée de deux façons. Si vous débutez, essayez les deux techniques et voyez ce qui fonctionne le mieux pour vous : les gauchers peuvent trouver la méthode continentale plus simple.

Méthode « à l'anglaise »

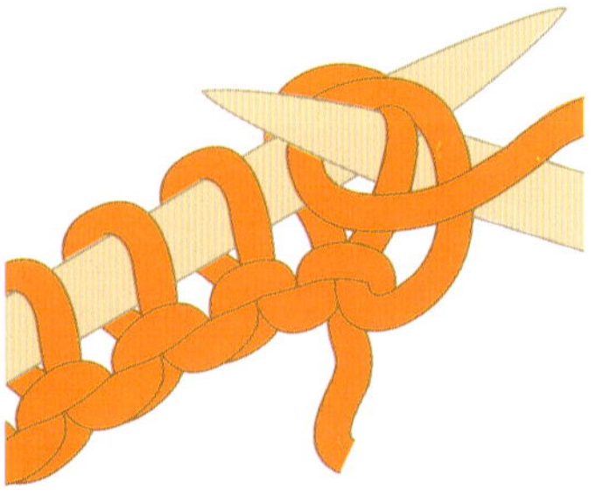

1 Tenez l'aiguille avec les mailles montées dans votre main gauche, puis insérez l'aiguille droite dans l'avant de la première maille de droite à gauche. Enroulez le fil autour de l'aiguille droite, de droite à gauche.

2 Avec l'aiguille droite, tirez le fil à travers la maille pour former une boucle. Cette boucle est la nouvelle maille.

3 Faites délicatement glisser la maille de l'aiguille gauche sur l'aiguille droite. Répétez ces étapes jusqu'à ce que vous ayez tricoté toutes les mailles de l'aiguille gauche. Pour monter le rang suivant, passez l'aiguille droite, qui porte désormais les nouvelles mailles, dans votre main gauche.

Méthode continentale

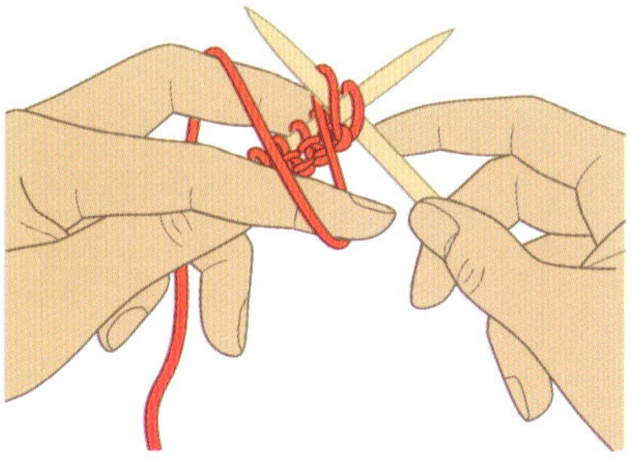

1 Tenez l'aiguille avec les mailles à tricoter dans votre main gauche, puis insérez l'aiguille droite dans l'avant de la première maille, de droite à gauche. En tenant le fil assez tendu à l'avant du travail, déplacez le bout de l'aiguille droite sous le fil de travail, puis enfoncez votre index gauche vers le bas, comme indiqué, pour maintenir le fil autour de l'aiguille.

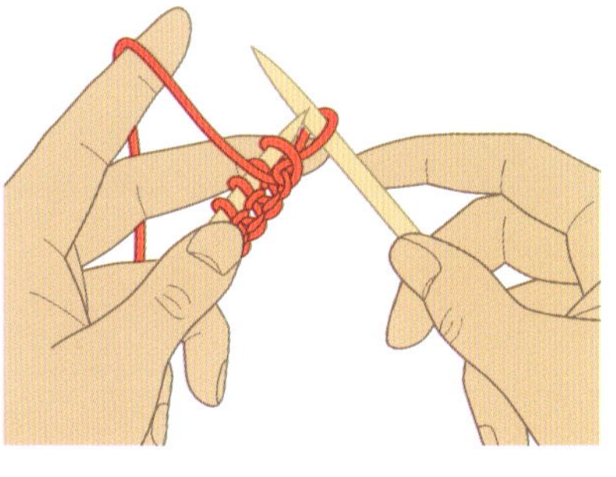

2 Avec l'aiguille droite, amenez le fil à travers la maille d'origine pour former une boucle.

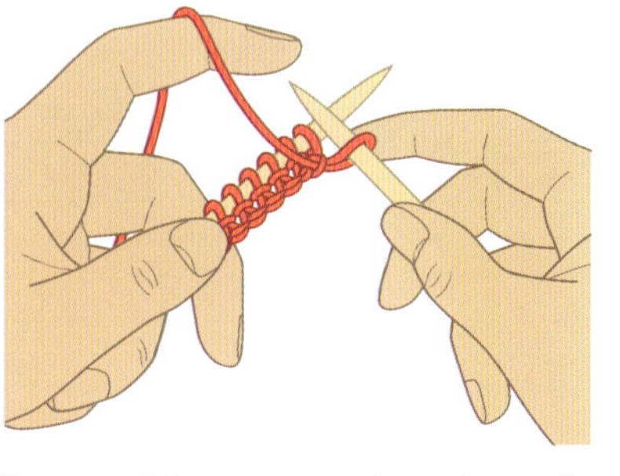

3 Faites délicatement glisser la maille d'origine de l'aiguille gauche en tirant doucement l'aiguille droite. Répétez ces étapes jusqu'à ce que vous ayez tricoté toutes les mailles de l'aiguille gauche. Pour monter le rang suivant, passez l'aiguille droite, qui porte désormais les nouvelles mailles, dans votre main gauche.

Rabattre les mailles

Vous devez rabattre les mailles de votre ouvrage afin d'arrêter le tricot, pour qu'il ne se détricote pas.

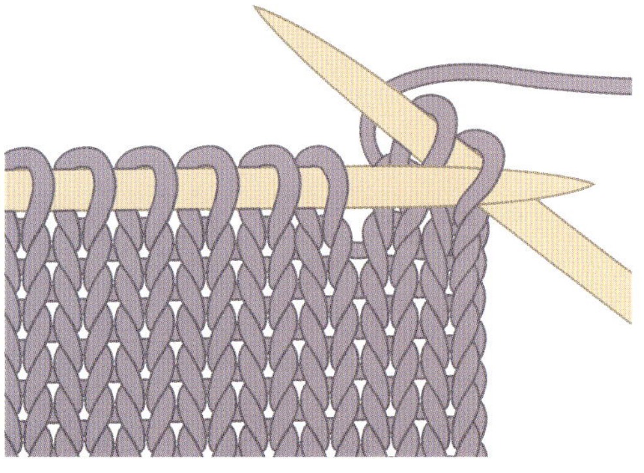

1 Tout d'abord, tricotez deux mailles normalement. Avec l'aiguille gauche, attrapez la première maille que vous venez de tricoter et soulevez la deuxième. Tricotez une autre maille pour qu'il y ait encore deux mailles sur l'aiguille droite. Répétez le processus de levage de la première maille sur la deuxième. Continuez ce processus jusqu'à ce qu'il n'y ait qu'une seule maille sur l'aiguille droite

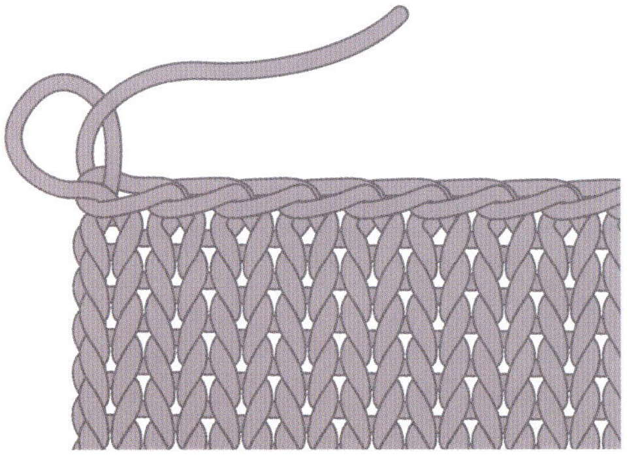

2 Coupez le fil, laissez un brin suffisamment long pour assembler l'ouvrage (voir p. 124). Tirez la laine tout au long de la dernière maille. Retirez-la de l'aiguille et serrez-la assez fermement pour vous assurer que l'ouvrage est bien arrêté.

Les mailles glissées

Couler une maille signifie passer les mailles d'une aiguille à l'autre, sans les tricoter, ni à l'endroit, ni à l'envers. On peut en revanche les glisser à l'endroit, ou à l'envers, selon le rang que vous êtes en train de tricoter, ou selon les instructions du modèle.

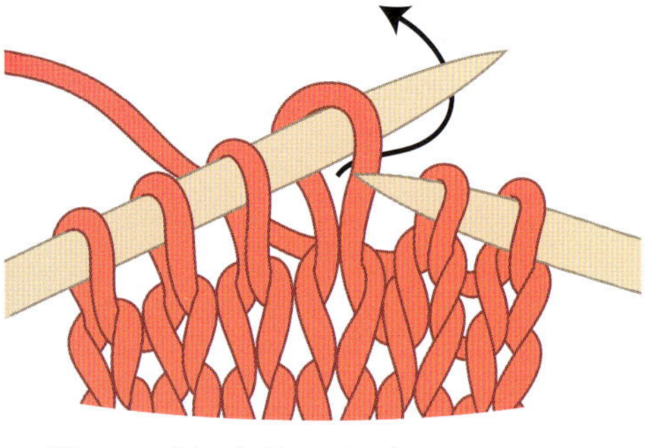

La maille coulée à l'endroit

De gauche à droite, placez l'aiguille droite dans la maille suivante sur l'aiguille gauche (comme indiqué par la flèche) et glissez-la sur l'aiguille droite sans la tricoter.

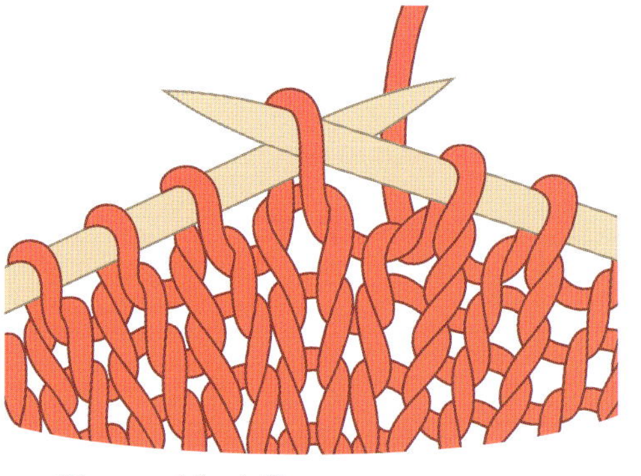

La maille coulée à l'envers

Glissez la maille sur un rang de mailles à l'endroit ou de mailles à l'envers. De droite à gauche, placez l'aiguille droite dans la première maille de l'aiguille gauche et glissez-la sur l'aiguille droite sans la tricoter.

Motifs tricotés

Seules des combinaisons simples de mailles sont utilisées pour la plupart des modèles de cet ouvrage.

Point de jersey

Pour faire ce point, alternez un rang de mailles à l'endroit et un rang de mailles à l'envers. L'endroit du tricot est le côté qui est face à vous alors que vous tricotez. Ce point est majoritairement utilisé dans les modèles de cet ouvrage.

Point mousse

Pour faire ce point très simple, tricotez simplement chaque rangée de mailles à l'endroit.

Point de riz

Pour faire ce point texturé, tricotez une maille à l'endroit et une maille à l'envers, et sur tous les rangs suivants, toutes les mailles sont interverties, tricotez les mailles endroit à l'envers, et les mailles envers à l'endroit.

Point de côtes simples

Pour obtenir cette texture, tricotez une maille à l'endroit et une maille à l'envers et ainsi de suite jusqu'à la fin du rang. Pour la deuxième rangée et jusqu'à la fin de l'ouvrage, tricotez à l'endroit les mailles qui se présentent à l'endroit, et si elles arrivent à l'envers, tricotez-les à l'envers.

Point de côtes doubles

Ce point se tricote en utilisant les mêmes principes que la côte simple, mais avec deux mailles identiques consécutives, qui sont tricotées sur chaque rangée.

Relever des mailles

Relever des mailles consiste à continuer de tricoter le long d'une lisière – perpendiculairement au sens du tricot –, sans avoir à assembler deux morceaux d'ouvrage. On peut aussi relever des mailles le long d'un bord arrêté, horizontalement.

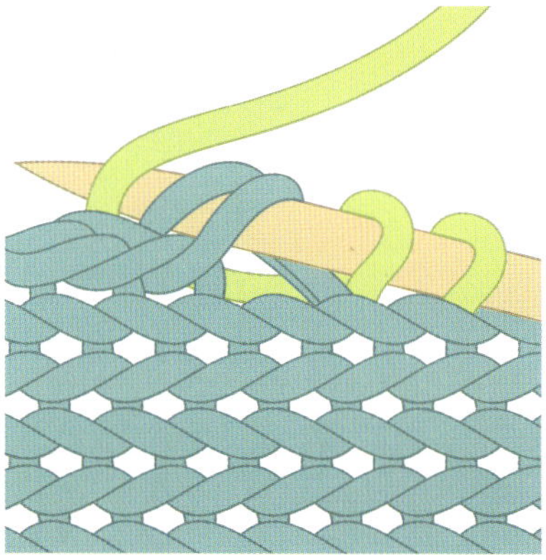

Le long d'une lisière

Avec l'endroit du tricot face à vous, insérez l'aiguille à tricoter de l'avant vers l'arrière dans l'écart entre le premier rang et le deuxième. Enroulez la laine autour de l'aiguille et tirez une boucle pour former la nouvelle maille. Normalement, vous pouvez relever autant de mailles qu'il y a d'écarts sur la lisière mais si vous devez en relever moins, pour créer une diminution, sautez vos mailles de manière régulière, une sur deux, par exemple.

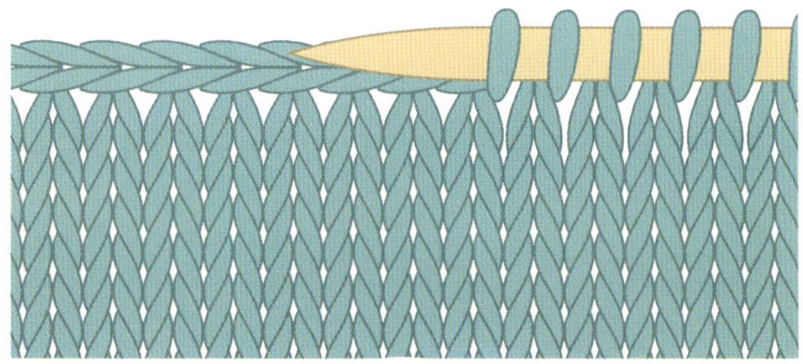

Le long d'un bord de mailles arrêtées

Procédez de la même manière que le long d'une lisière, mais travaillez à travers les mailles tricotées, plutôt que dans l'espace entre les rangs. Vous aurez normalement le même nombre de mailles à relever qu'il existe de mailles tricotées.

Maille jetée (MJ)

Pour faire une maille jetée, vous allez passer le fil autour de l'aiguille de droite afin de créer une boucle supplémentaire, qui deviendra une maille de plus sur le rang suivant. Si vous enroulez le fil deux fois, vous obtenez un double jeté.

Passez le fil entre les deux aiguilles, vers l'avant. Enroulez-le sur l'aiguille de droite vers l'arrière, et tricotez la maille suivante, sur l'aiguille de gauche (voir p. 114).

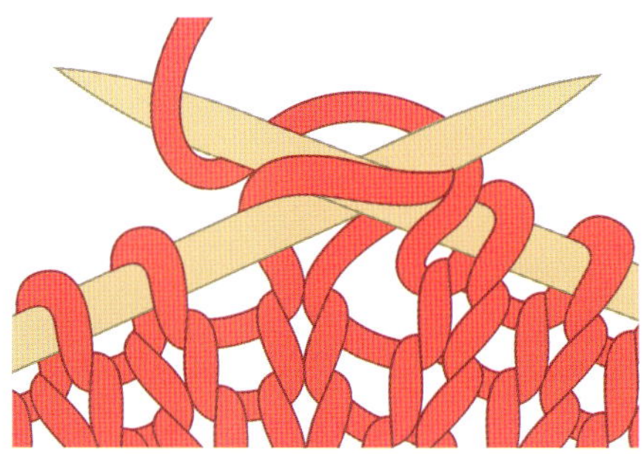

Les augmentations

Il existe trois méthodes d'augmentations utilisées dans les modèles de cet ouvrage.

Augmenter sur un rang à l'endroit (aug.)

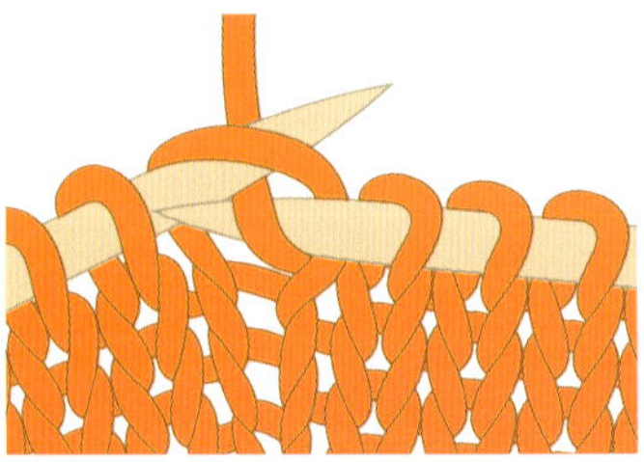

1 Tricotez la maille suivante sur l'aiguille de gauche de la manière habituelle (voir p. 114), mais ne glissez pas le point exécuté sur l'aiguille de droite.

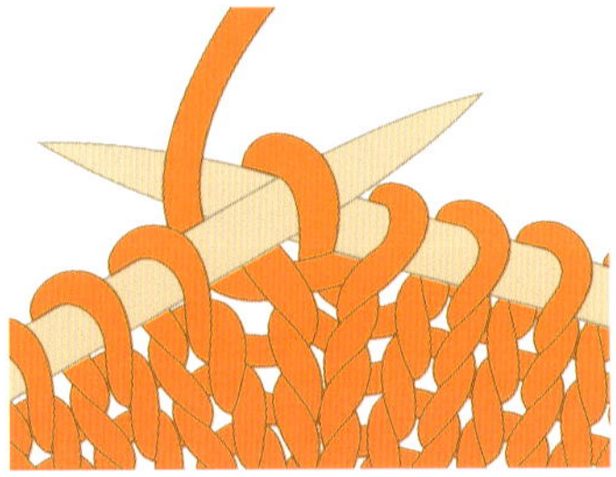

2 Passez l'aiguille de droite derrière l'aiguille de gauche et glissez-la dans la même maille, mais à l'arrière du point, cette fois-ci. Tricotez le point à nouveau.

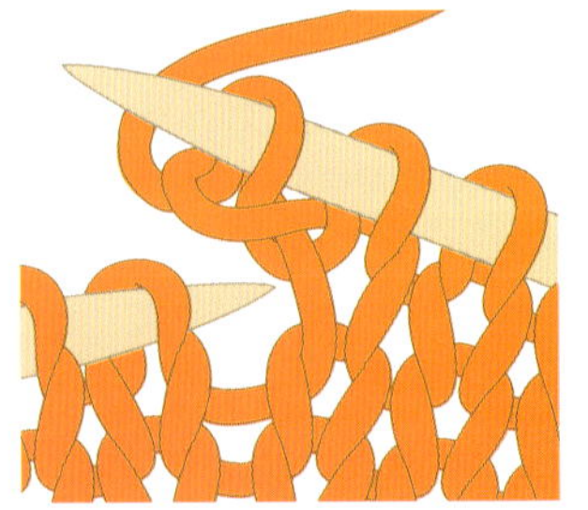

3 Glissez maintenant la maille exécutée, de l'aiguille de gauche sur l'aiguille de droite, de la manière habituelle.

Augmenter sur un rang à l'envers (AugEnv)

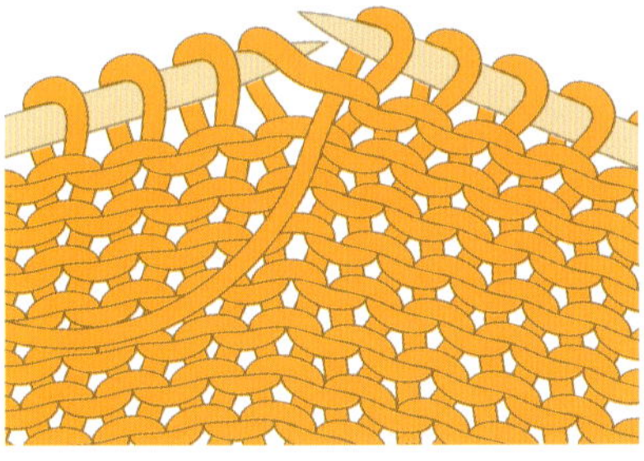

1 Tricotez une maille à l'envers sur l'aiguille de gauche de la manière habituelle (voir p. 115), mais ne glissez pas la maille obtenue de l'aiguille de gauche sur l'aiguille de droite.

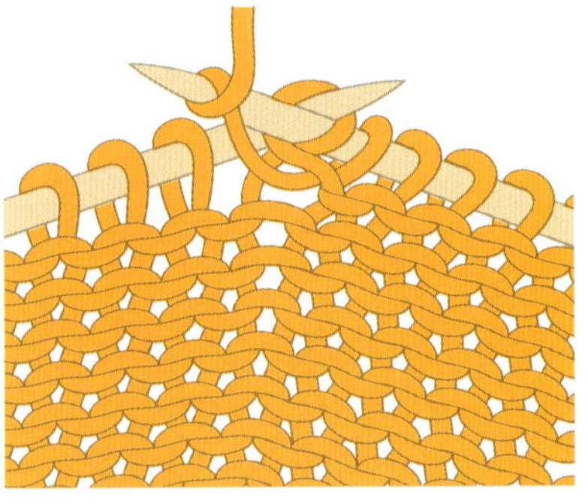

2 Orientez l'aiguille de droite vers l'arrière pour faciliter son introduction dans la même maille, mais à l'arrière du point cette fois-ci. Tricotez une nouvelle maille à l'envers, puis glissez la maille obtenue de l'aiguille de gauche à l'aiguille de droite, de la manière habituelle.

Augmenter de 1 maille (m1)

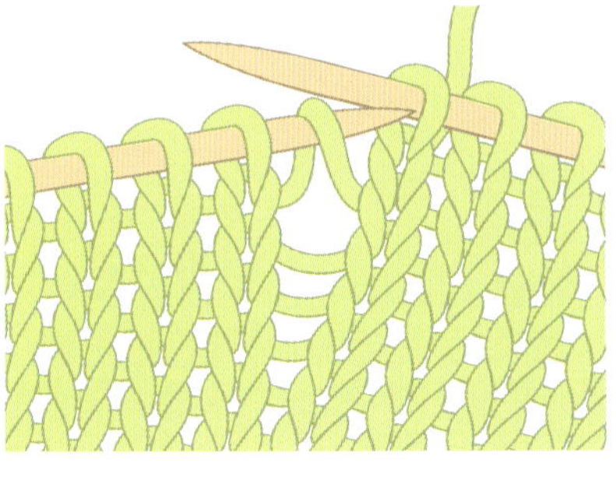

1 Depuis l'avant de l'ouvrage, glissez la pointe de l'aiguille de gauche sous le fil de trame entre la dernière maille de l'aiguille de droite et la première maille de l'aiguille de gauche.

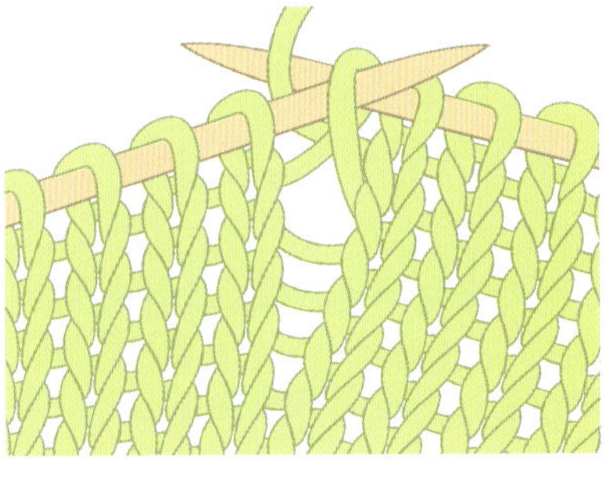

2 Placez l'aiguille de droite dans l'arrière de la boucle formée par le fil de trame et tricotez-le de manière normale. (Il est important de le tricoter par l'arrière de la boucle afin qu'il ne soit pas tordu et qu'un trou ne se forme pas dans votre travail.)

Les diminutions

Il existe cinq manières différentes de faire des diminutions dans les modèles de cet ouvrage : une consiste à diminuer de deux mailles au lieu d'une.

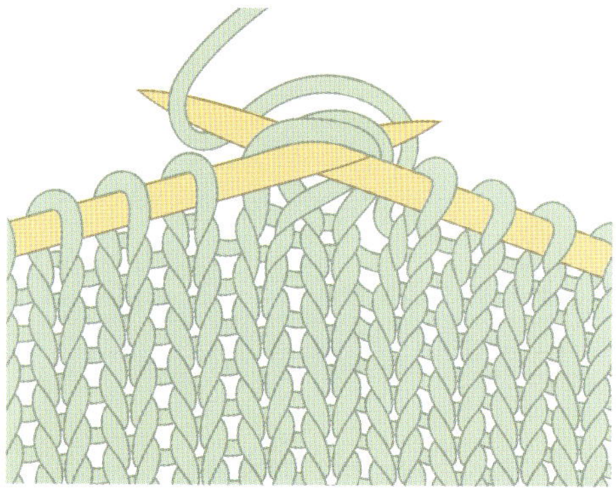

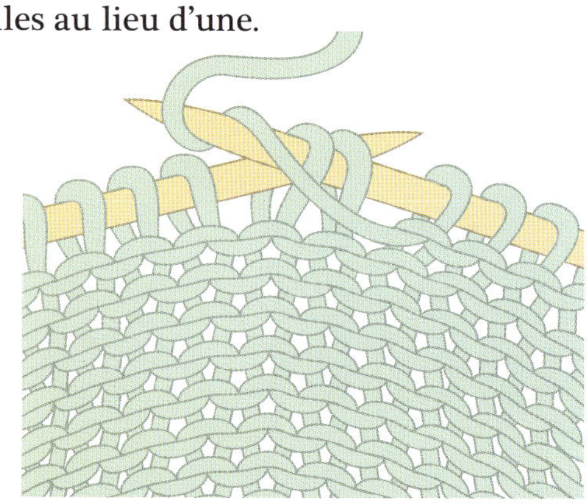

Deux mailles ensemble, à l'endroit (2 m. ens. end.)

C'est la façon la plus simple de faire une diminution. Insérez l'aiguille de droite entre deux mailles, puis tricotez-les à l'endroit normalement. Procédez de la même façon avec trois mailles – il suffit d'insérer l'aiguille de droite à travers trois mailles au lieu de deux.

Deux mailles ensemble, à l'envers (2 m. ens. env.)

Pour faire une diminution simple sur un rang à l'envers, insérez l'aiguille de droite entre deux mailles, puis tricotez-les à l'envers normalement.

Surjet simple (SS)

Glissez la première maille de l'aiguille de gauche sur l'aiguille de droite sans la tricoter. Tricotez la maille suivante à l'endroit, puis reprendre avec l'aiguille de gauche le point glissé par-dessus sur la maille tricotée et faites-le glisser hors de l'aiguille.

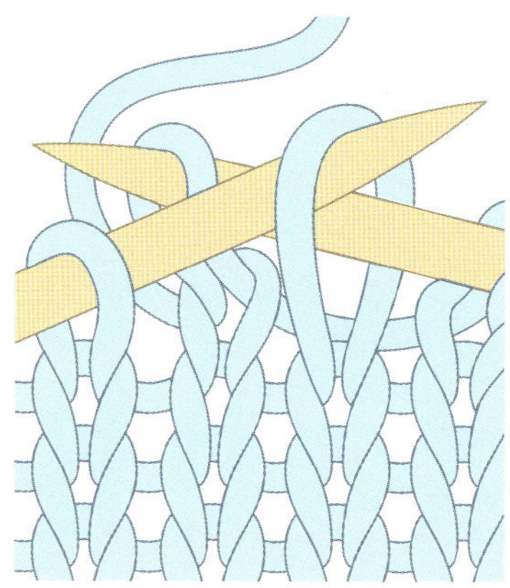

Surjet double (GGT)

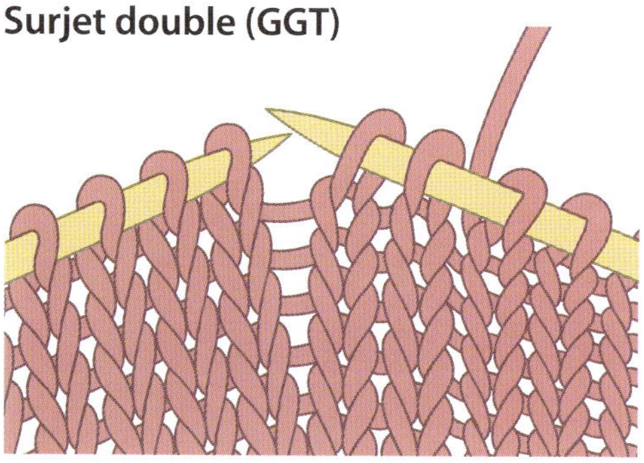

1 Glissez une maille sur l'aiguille de droite, puis la suivante, sans les tricoter.

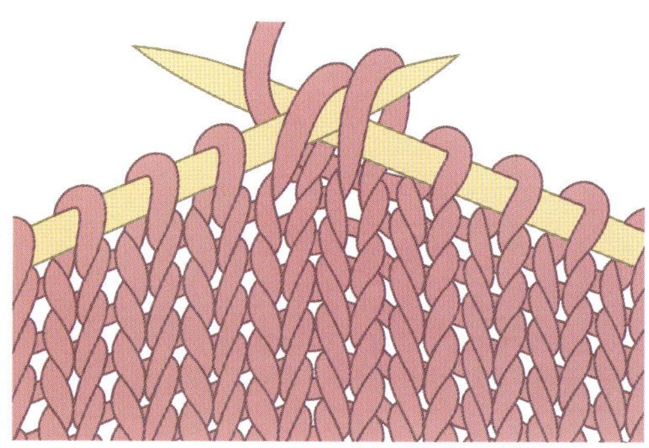

2 Insérez l'aiguille de gauche de gauche à droite à travers les mailles glissées et tricotez-les de la manière habituelle.

1 maille glissée, 2 mailles tricotées ensemble, passer la maille glissée par-dessus la maille tricotée (dim. SD)

Réduisez le nombre de points par deux en utilisant cette diminution :

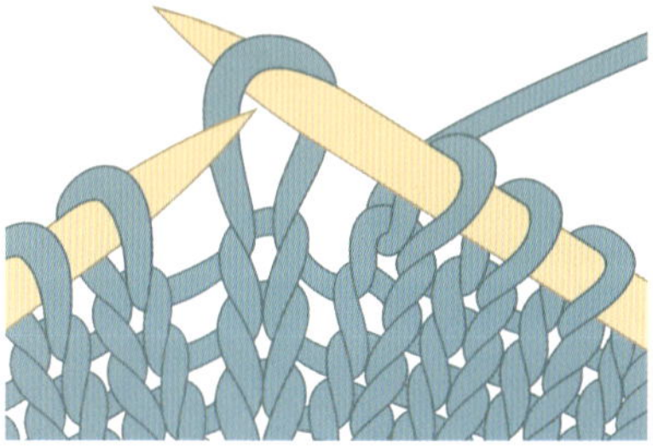

1 Glissez la première maille de l'aiguille de gauche à droite (voir p. 116).

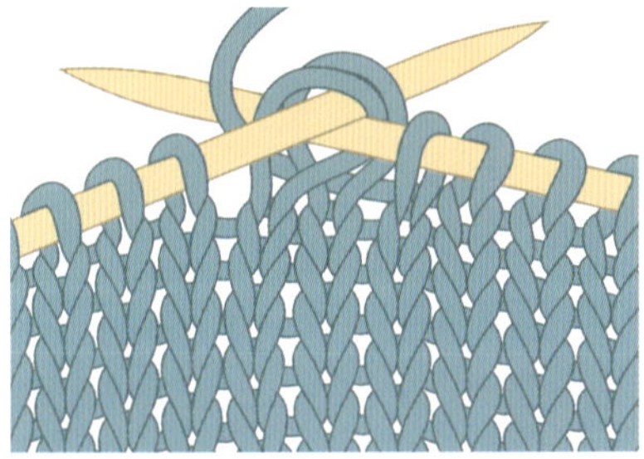

2 Tricotez les deux mailles suivantes sur l'aiguille de gauche (voir p. 120).

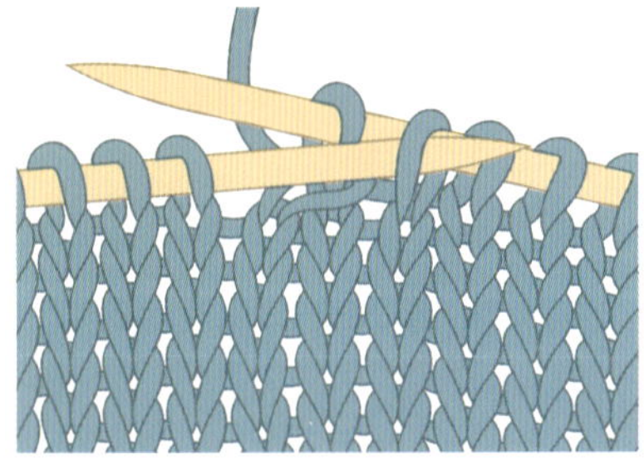

3 Soulevez le point glissé par-dessus la maille tricotée et glissez-la hors de l'aiguille de droite.

Chaînette au crochet

Les modèles de cet ouvrage sont tous tricotés plutôt que crochetés, mais certains nécessitent une chaîne de crochet simple.

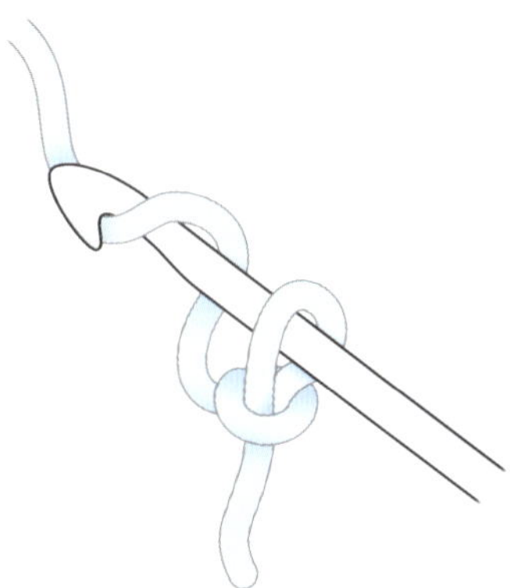

1 Faites un nœud coulant sur le crochet, de la même façon que pour le tricot (voir p. 113). Ramenez le fil de derrière autour du crochet, de l'arrière vers l'avant, puis attrapez le fil dans la pointe du crochet.

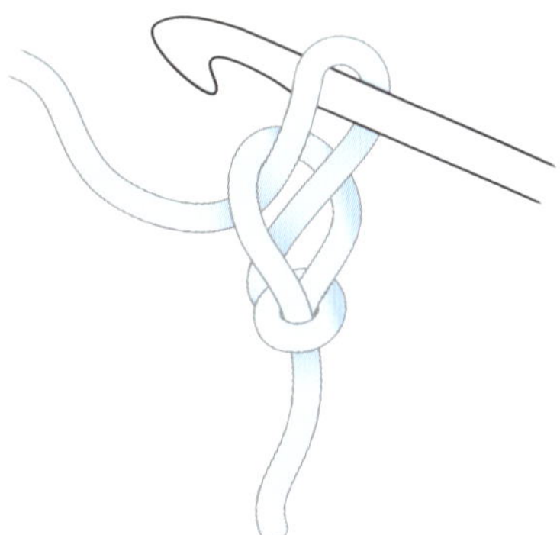

2 Tirez le fil à travers la boucle, sur votre crochet. Continuez ainsi jusqu'à ce que la chaîne soit de la longueur nécessaire.

Tricoter différentes couleurs

Changez les couleurs dans votre ouvrage de manière appropriée pour conserver un ouvrage plat et lisse, sans trous.

Jacquard

Si vous ne tricotez que quelques points d'une couleur différente, laissez simplement le fil de couleur que vous n'utilisez pas sur la lisière du travail, et ramenez-le à nouveau lorsque vous le souhaitez.

Changer de couleur dans un rang à l'endroit

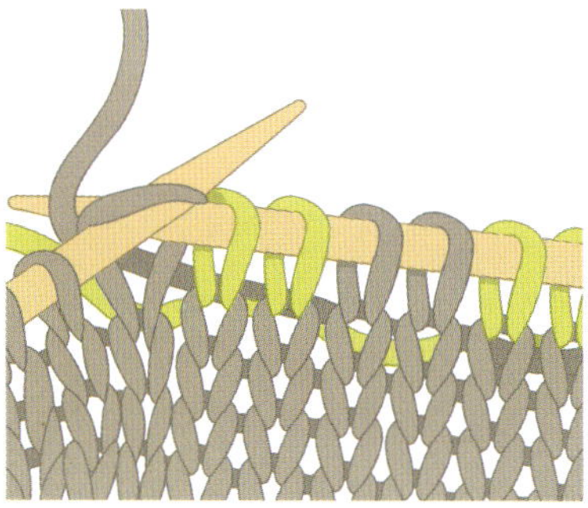

1 Tricotez les mailles à l'endroit (voir p. 114) dans la couleur A (ici, la couleur marron), en amenant le fil de la couleur B (ici, la couleur verte) autour de l'aiguille.

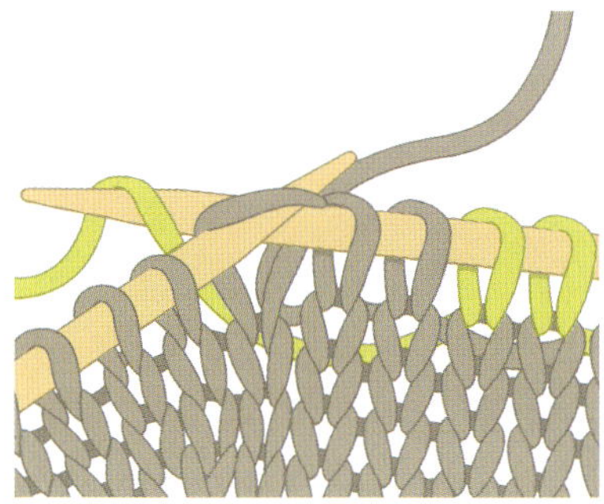

2 Pour changer de couleur, déposez la couleur A et insérez la couleur B, en la faisant passer sous le brin de couleur A, autour de l'aiguille. Veillez à ne pas le tirer trop fort. Tricotez les mailles de couleur B. Lorsque vous ramenez la couleur A, croisez-la sur le fil de trame de couleur B.

Changer de couleur sur un rang à l'envers

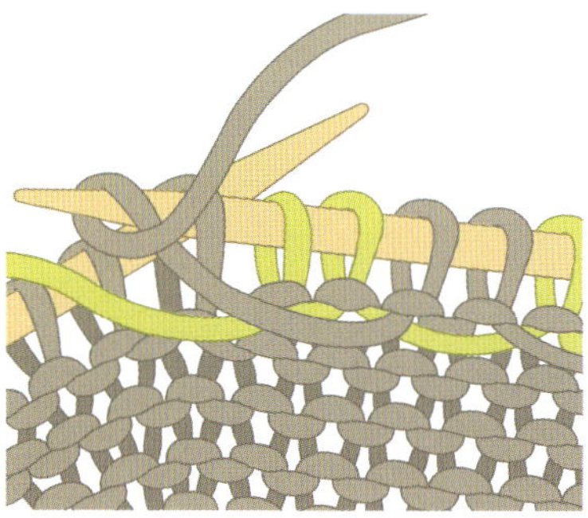

1 Tricotez les mailles à l'envers (voir p. 115) dans la couleur A (ici, la couleur marron), en amenant le fil de la couleur B (ici, la couleur verte) autour de l'aiguille.

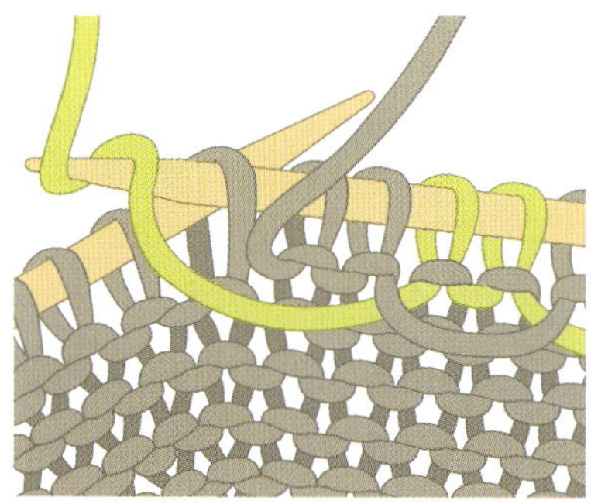

2 Pour changer de couleur, déposez la couleur A et insérez la couleur B, en la faisant passer sous le brin de couleur A, autour de l'aiguille. Veillez à ne pas le tirer trop fort. Tricotez à l'envers les mailles de couleur B. Lorsque vous ramenez la couleur A, croisez-la sur le fil de trame de couleur B.

Intarsia

Si vous tricotez des blocs de couleurs différentes dans un modèle, utilisez la technique appelée intarsia. Il vous faudra des pelotes de couleurs différentes pour chaque zone et tordre les fils ensemble là où ils se rejoignent, afin d'éviter de créer un trou ou un espace.

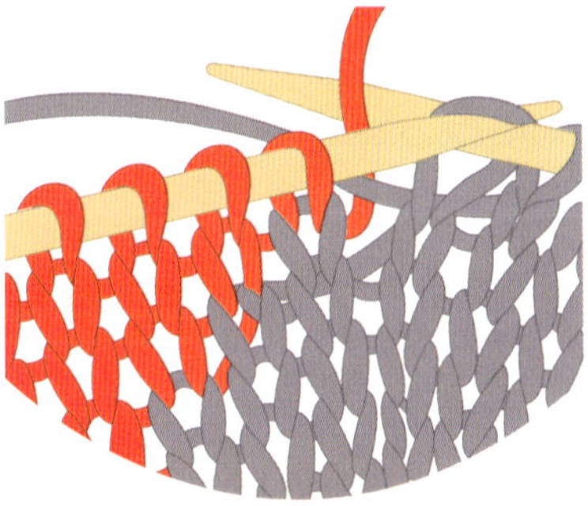

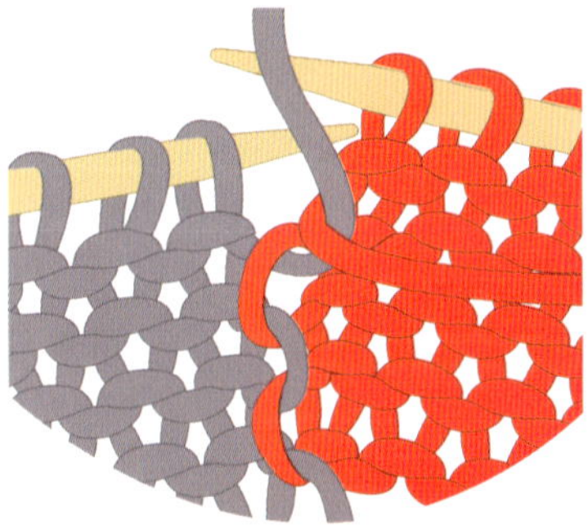

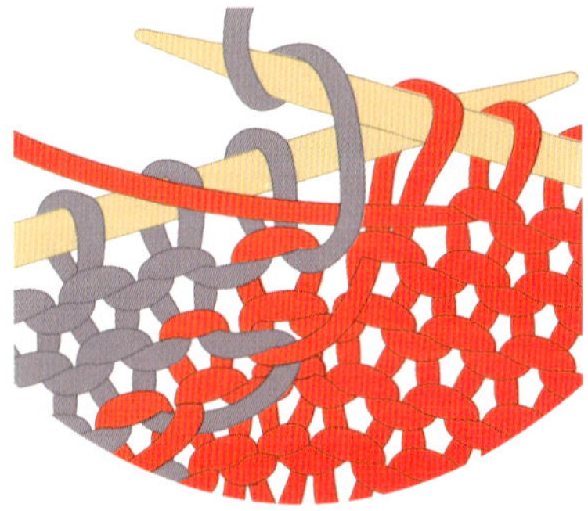

Sur l'endroit

Quand vous modifiez les couleurs et que ce changement est vertical ou en diagonale vers la droite, passez la première couleur sur la deuxième. Ensuite, laissez la deuxième couleur, en faisant se croiser les fils au moment du changement.

Sur l'envers

De ce côté, il est facile de voir comment les fils doivent se rejoindre à chaque changement de couleur. Procédez de la même manière que sur l'endroit. Lorsque vous souhaitez modifier les couleurs et que le changement de couleur est vertical ou en diagonale vers la gauche, passez la première couleur sur la deuxième. Ensuite, retirez la deuxième couleur, de sorte que les brins de fil se croisent.

Points de broderie

Les détails des animaux sont brodés à l'aide de fil à tricoter. La broderie sur tricot se fait à l'aide d'une aiguille de broderie, et en passant dans les écarts des brins de trame qui composent le tricot plutôt qu'entre les mailles elles-mêmes. Ainsi, votre broderie sera plus uniforme.

Le point de chaînette

Sortez le fil à broder au point de départ, sur l'endroit du travail. Repiquez votre aiguille dans votre ouvrage, juste à côté du point de départ, laissez une boucle de fil. Piquez de nouveau votre aiguille une longueur de point plus loin et passez à travers la boucle. Tirez le fil fermement, sans trop serrer – pour ne pas déformer les mailles. Continuez jusqu'à ce que le motif soit terminé.

Le point droit

Pour faire ce point, il suffit de sortir le fil au point de départ et de revenir dans le travail là où vous souhaitez que le point se termine.

Le nœud français

1 Sortez le fil à broder au point de départ, sur l'endroit du travail, là où vous voulez faire le point. Enroulez le fil autour de votre aiguille autant de fois que nécessaire.

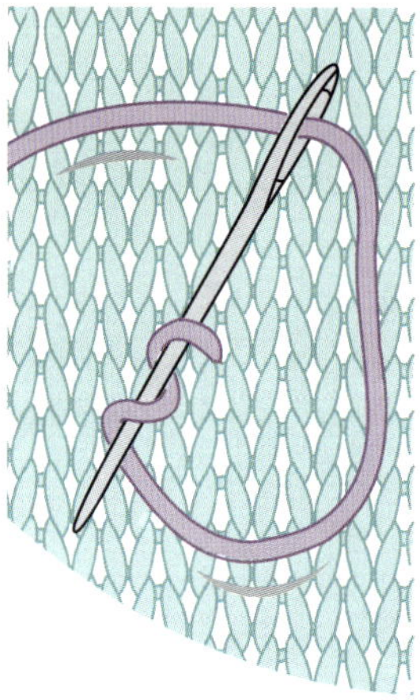

2 Repiquez l'aiguille dans l'ouvrage, juste sur le côté du point de départ. Ensuite, déplacez votre aiguille là où se fera le prochain nœud français ou, si vous travaillez un seul nœud, sur l'envers de l'ouvrage. Tirez votre aiguille à travers l'ouvrage et faites glisser les nœuds sur l'aiguille, puis sur le tricot.

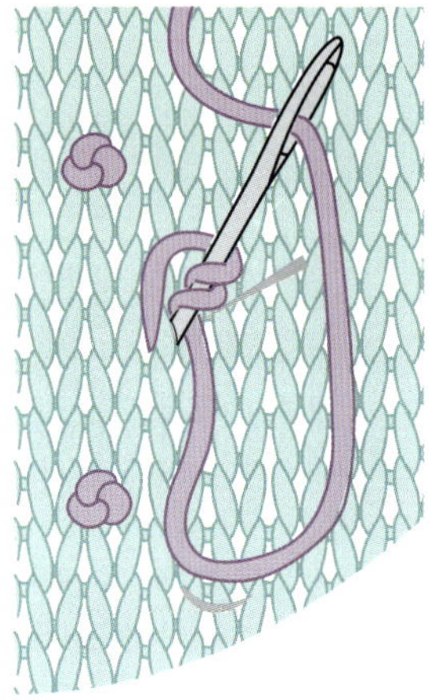

Points d'assemblage

Il en existe différents. Dans les instructions de chaque modèle, il vous sera indiqué lesquels choisir.

Point de matelas sur les lisières

1 Assurez-vous que les lisières sont bien alignées. Insérez l'aiguille de fil à travers la maille située au coin inférieur droit, par l'arrière, puis croisez au point gauche correspondant, immédiatement au-dessus du bord de la lisière. Tirez-le vers la pièce de droite, et sur l'arrière, faites-le passer entre les deux premières mailles, immédiatement au-dessus de la lisière. Reprenez à gauche et à l'arrière, et ramenez-le à l'endroit d'où il est sorti. Tirez doucement sur le fil et sur ce motif en forme de huit sans serrer, il rapprochera les bords des deux lisières. Ramenez l'aiguille sur la pièce de droite et, par l'avant, passez-la sous la trame du fil, entre les premier et deuxième points, sur les deux rangs suivants.

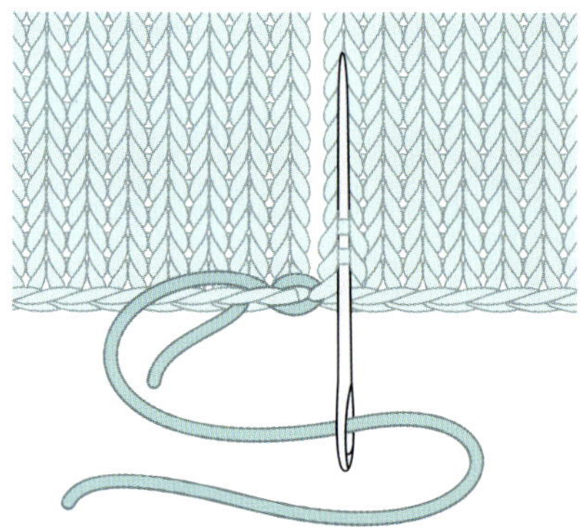

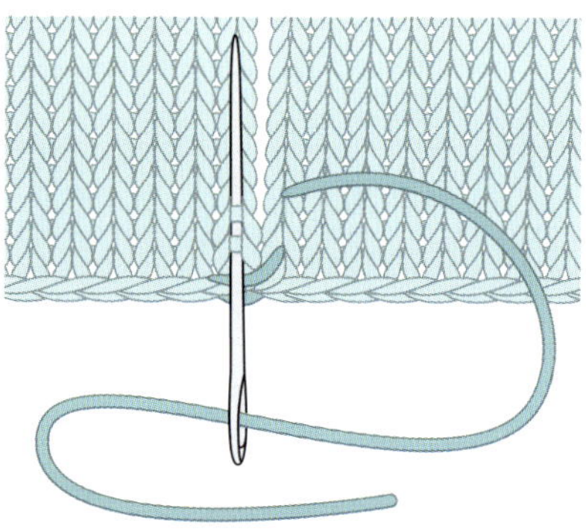

2 Ramenez l'aiguille sur la pièce de gauche et, par l'avant, piquez-la entre les première et deuxième mailles, sur les deux lignes suivantes. Continuez de cette façon, en piquant l'aiguille sous les deux brins d'une seule lisière, puis l'autre, pour assembler les bordures.

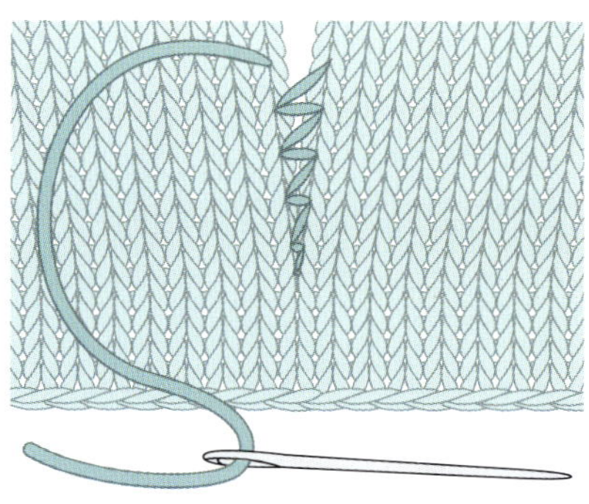

3 Lorsque vous avez cousu environ 2,5 cm, tirez doucement et uniformément sur le fil pour serrer la couture, puis continuez à coudre les lisières.

Point de matelas sur un bord rabattu

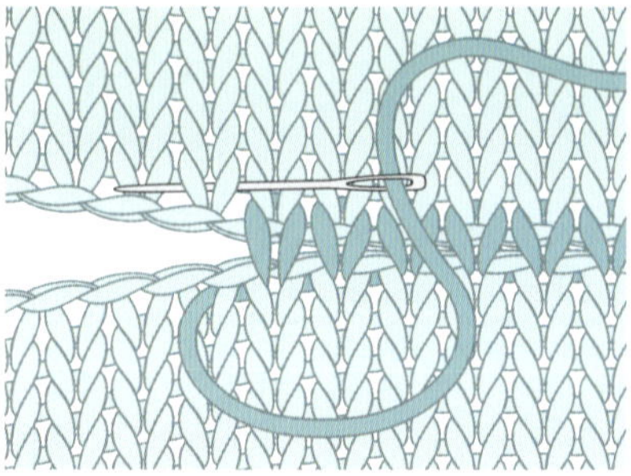

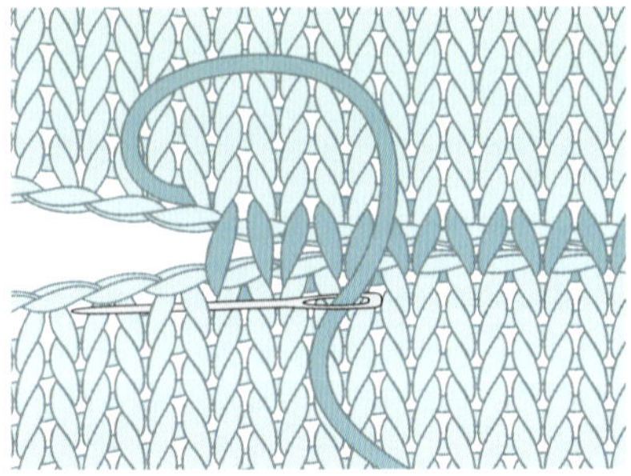

1 Endroit face à vous, posez les deux bords pour être joints côte à côte. Enfilez une grande longueur de brin de laine sur une aiguille à coudre – ou enfilez-la sur une grande longueur de fil restant de votre ouvrage après l'avoir arrêté et rabattu.
Piquez le fil à l'arrière de la pièce tricotée du bas, puis ramenez l'aiguille au milieu de la première maille de cette même pièce. Passez l'aiguille sous les deux arceaux de la première maille en entier, sur la pièce du haut, de sorte qu'elle arrive à l'avant de l'ouvrage, entre la première et la deuxième maille.

2 Revenez dans la partie inférieure de l'ouvrage et passez l'aiguille vers l'arrière, là où elle est sortie la première fois, puis ramenez-la sur l'avant, au milieu de la maille suivante. Tirez le fil. Passez l'aiguille sous les deux arceaux de la première maille en entier, sur la pièce du haut. Répétez cette étape puis terminez la couture.
Tirez doucement sur les mailles pour fermer la couture au fur et à mesure que vous progressez.

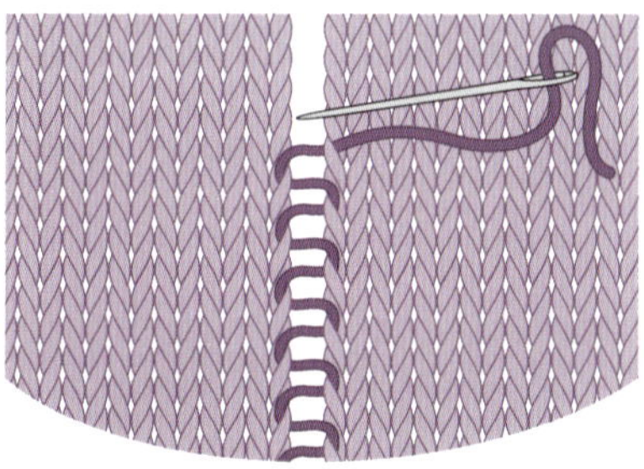

Le point plat

Ce point crée une couture totalement plate.
Endroit face à vous, posez les deux bords à joindre côte à côte. Enfilez une grande longueur de brin de laine sur une aiguille à coudre – ou enfilez-la sur une grande longueur de fil restant de votre ouvrage après l'avoir arrêté et rabattu. Piquez dans la maille située dans le coin inférieur droit de la pièce de gauche, puis dans la maille qui lui fait immédiatement face. Travaillez le long de la couture, en tirant le fil jusqu'à ce que les bords soient bien fermés.

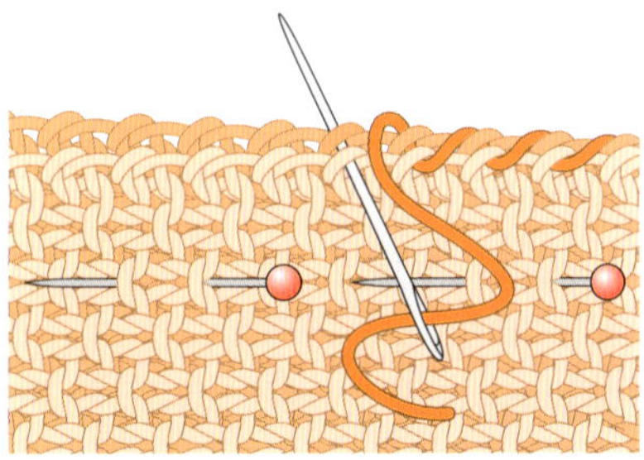

Le surjet

Ce point peut être travaillé sur l'endroit ou sur l'envers de l'ouvrage. Posez les deux faces endroit des pièces à assembler l'une contre l'autre. Enfilez une grande longueur de brin de laine sur une aiguille à coudre – ou enfilez-la sur une grande longueur de fil restant de votre ouvrage après l'avoir arrêté et rabattu. Piquez à l'arrière du travail, sur la lisière du tricot, et ramenez l'aiguille à travers la lisière opposée, puis repiquez un peu plus loin, sur une courte distance.

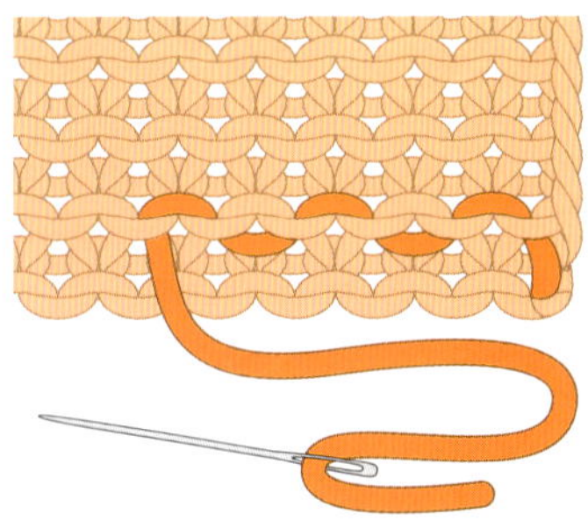

Coudre les extrémités de fil

La manière la plus simple de sécuriser les extrémités du fil est de faire quelques petits points sur l'avant et sur l'arrière de l'ouvrage, idéalement dans une couture.
Utilisez une aiguille à coudre la laine, et passez le fil de l'ouvrage entre les brins qui composent la trame du tricot, cela le maintiendra bien en place.

abréviations

Toutes les abréviations ci-dessous n'apparaissent pas forcément dans l'ouvrage, mais elles sont très courantes dans l'univers du tricot.
Les indications composées sur le modèle « x end., y env. » signifient : tricotez x maille(s) à l'endroit, puis y maille(s) à l'envers.

2 m. ens. à l'end.	2 mailles ensembles à l'endroit
2 m. ens. à l'env.	2 mailles ensemble à l'envers
aig.	aiguille
altern	alternativement
arr.	arrière
aug.	augmenter
Aug Env	augmenter sur 1 rang à l'envers
av.	avant
ch	chaque
cm	centimètre
col.	coloris
com.	commencer
cont.	continuer ou continuant
croch.	crocheter ou crochetant
dim.	diminuer, diminution ou diminuant
dim. SD	diminution en surjet double
dim. SS	diminution en surjet simple
end.	endroit
ens.	ensemble
env.	envers
fil sur ar.	jeter le fil par l'arrière
fil sur av.	jeter le fil par l'avant
fs	fois
g	gramme
GGT	surjet double
glis.	glisser
haut.	hauteur
jsq	jusqu'à
m. / ms	maille / mailles
MJ	maille jetée
m.l.	maille en l'air
m.lis.	maille lisière
m1	augmenter de 1 maille
n.	nombre
n. de m.	nombre de mailles
par-dessus 1 m.	par-dessus 1 maille
par-dessus 2 m.	par-dessus 2 mailles
rab.	rabattre ou rabattant
rel.	relever
répar.	répartir ou répartissant
repr.	reprendre
rest.	restantes
rg	rang
rgs	rangs
SS	surjet simple
suiv.	suivant ou suivante
term	terminer ou terminant
tot.	total ou totale
transf.	transférer
trav.	travailler
ts	tous
ttes	toutes
WT	envelopper et tourner

Remerciements

Je remercie Cindy Richards, Penny Craig, Sally Powell, Fahema Khanamainsi ainsi que toutes les personnes de CICO Books qui m'ont soufflé l'idée de ce livre et pour leur immense gentillesse. J'aimerais aussi remercier mon éditeur Kate Haxell, Marilyn Wilson, qui vérifie tous mes patrons, la photographe Penny Wincer et la styliste Nel Haynes pour leur travail acharné. J'aimerais remercier mon mari, Roger et mon fils, Louis, pour leur patience et leurs critiques positives, ainsi que ma sœur, Louise, pour ces heures de shopping passées ensemble dans les merceries. Enfin, j'aimerais remercier mes parents, Paddy et David Goble, car ils aiment ce que je fais, même si mes études me destinaient à faire quelque chose de complètement différent.

adresses de fournisseurs

Adriafil
www.adriafil.com

Anny Blatt
www.annyblatt.com

Bergère de France
www.bergeredefrance.fr

DMC
www.dmc.com

Fonty
Liste des points de vente
et des dépositaires sur le site
www.fonty.fr

Phildar
www.phildar.fr

Plassard
www.laines-plassard.com

Pingouin
Vente en ligne et points de vente
sur le site
www.pingouin.fr

Rascol
www.rascol.com

Rico design
Liste des points de vente sur le site
www.rico-design.de

Pour les produits Debbie Bliss,
Schachenmayr et autres laines,
fils à tricoter, à crocheter, mercerie :

www.canevas.com
www.jeudemailles.com
www.laine-et-tricot.com
www.laineetfil.com
www.tricotboutique.com
www.univers-tricot.com

index